MÉMOIRE

COURONNÉ LE 25 AOUT 1784,

PAR L'ACADÉMIE ROYALE DES SCIENCES, BELLES LETTRES ET ARTS DE BORDEAUX,

SUR CETTE QUESTION:

QUEL seroit le meilleur procédé pour conserver, le plus long-temps possible, ou en grain ou en farine, le *Maïs* ou *Blé de Turquie*, plus connu dans la Guienne sous le nom de *Blé d'Espagne*? Et quels seroient les différens moyens d'en tirer parti, dans les années abondantes, indépendamment des usages connus & ordinaires dans cette Province?

PAR M. PARMENTIER, Censeur Royal, &c.

AUGMENTÉ par l'Auteur, de tout ce qui regarde l'Histoire Naturelle & la culture de ce grain.

« Si mon œuvre n'est pas un assez bon modèle,
» J'ai dumoins ouvert le chemin :
» D'autres pourront y mettre une dernière main. »

LA FONTAINE.

A BORDEAUX,
Chez ARNAUD-ANTOINE PALLANDRE l'aîné, Place Saint-Projet.
AU GRAND MONTESQUIEU.

M. DCC. LXXXV.

LE MAÏS

OU

BLÉ DE TURQUIE,

Considéré sous tous ses rapports.

DANS le nombre des biens que la conquête du nouveau monde a valu à l'Europe, sans coûter de crimes ni de larmes à l'humanité, il faut compter le *Maïs*. Ce grain est plus connu en France sous le nom de *blé de Turquie*, quoique cette dénomination ne lui convienne pas davantage que celle de *blé d'Espagne*, *blé de Guinée*, *blé d'Inde*, *gros millet des Indes*, puisqu'on en ignoroit l'existence dans ces contrées avant la découverte de l'Amérique.

[Les Voyageurs les plus célebres assurent en effet que quand les Européens aborderent à St. Domingue, le premier aliment que leur offrirent les naturels du pays, fut le *Maïs* ; que pendant le cours de leur navigation ils le retrouverent aux Antilles, dans le Mexique & au Pérou, formant par-tout la base de la nourriture ; que cette plante superbe faisoit chez les Incas l'ornement des jardins de leur Palais (1) ; que c'étoit avec son fruit, que la main des Vierges choisies préparoit le pain des sacrifices, & que l'on composoit une boisson vineuse pour les jours consacrés à l'alégresse publique ; qu'il servoit de monnoie dans le commerce, pour se procurer les autres besoins de la vie ; qu'enfin la reconnoissance, ce sentiment le plus délicieux pour les bons cœurs, avoit déterminé les peuples, même les plus sauvages des Isles & du continent de ce nouvel hémisphere, à instituer des Fêtes annuelles à l'occasion de la récolte du *Maïs* (2).

Quelle eût été alors la surprise de ces hardis Navigateurs, en appercevant, pour la premiere fois, des plaines immenses couvertes de *Maïs*, dont le port majestueux forme le spectacle le plus imposant que puisse offrir la riche famille des Graminées, si leurs yeux n'eussent été arrêtés uniquement sur l'or ! L'histoire a consacré le souvenir des horreurs que la soif pour ce métal occasionna ; mais tirons le rideau sur les scenes sanglantes qui en furent la catastrophe. Les Espagnols eux-mêmes, revenus de leur premier enthousiasme, n'ont-ils pas dévoué au blâme les Auteurs des maux qu'a essuyé le nouveau monde à l'époque de sa découverte ? & d'ailleurs toutes les Nations n'ont-elles pas eu autrefois leurs délires & leurs forfaits ? Ces temps malheureux sont déjà loin de nous ; & il est consolant pour les ames sensibles, de voir naître ce sentiment de liberté, de bienfaisance & d'humanité, qui fera que d'une extrêmité à l'autre de l'univers, il n'existera plus à l'avenir qu'une seule & même famille.

(1) C'est au Chili que se trouvoient autrefois dans le Jardin des Incas, les plus beaux *Maïs* du monde. Quand cette plante y manquoit, on en substituoit à sa place, qui étoient formés d'or & d'argent, que l'on avoit parfaitement bien imités, ce qui marquoit la grandeur & la magnificence de ces Souverains. Leurs champs remplis de *Maïs*, dont les tiges, les fleurs, les épis & les pointes étoient d'or, & le reste d'argent, le tout artistement soudé ensemble, présentoient autant de merveilles que les siecles à venir ne verront jamais, ainsi que l'observe le Chevalier de *Jaucourt*.

(2) Les Sauvages de la Louisiane font un si grand cas de ce blé, qu'ils le regardent comme le présent le plus précieux du bon Esprit qu'ils logent dans le soleil. Tous les ans, dès que le *Maïs* de printemps commence à mûrir, ils font une fête qui dure huit jours pour remercier le bon Esprit. Les Français de ce pays nomment ces réjouissances, *la grande fête du petit blé*.

Après qu'on fe fut difputé & partagé les terres conquifes de l'Amérique, il fallut les défricher & nourrir les nouveaux colons; il fallut étendre & multiplier les reffources alimentaires. La fécondité naturelle du *Maïs*, la facilité de fa végétation, & la nourriture falutaire qu'il fourniffoit, déterminerent à adopter & à répandre la culture de ce grain. Bientôt les Voyageurs firent entrer leurs Nations en partage des vraies richeffes que renfermoient ces nouvelles contrées. Ils tranfporterent le *Maïs* au midi & au nord des deux mondes, où il a fi parfaitement réuffi, qu'on le foupçonneroit créé pour la terre entiere. Il fe plaît en effet dans tous les cantons; la plupart des terrains & des expofitions lui conviennent, & les bruyeres défrichées de la Poméranie en font maintenant couvertes comme les plaines de fon ancienne Patrie. C'eft donc une plante cofmopolite, puifqu'elle vit également dans tous les climats, & qu'elle fournit abondamment une nourriture falutaire pendant toute l'année.]

Cependant quels que foient les juftes droits que le *Maïs* ait acquis à nos éloges, nous fommes bien éloignés d'embraffer l'opinion de ces Auteurs enthoufiaftes qui en ont fait le meilleur de tous les grains & le premier des farineux, en prétendant même, que ni le froment ni le riz ne pouvoient lui être comparés; qu'il avoit le privilege exclufif de fe dérober à toutes les influences; qu'il fuffifoit de pratiquer des trous en terre avec un bâton pointu, & d'y dépofer trois ou quatre grains pour obtenir, en moins de deux mois, une récolte abondante fans aucun travail ultérieur; que le *Maïs*, en un mot, procuroit à l'homme, ainfi qu'aux animaux, plus de vigueur & de fanté qu'aucune autre efpèce de grain connu (1).

(1) [Les obfervations relatives au *Maïs*, inférées dans le Journal de Phyfique du mois de Décembre 1783, pag. 447 & fuiv. prouvent jufqu'à quel point il eft poffible, malgré les motifs les plus louables, de s'aveugler fur le compte d'un objet qu'on préconife. Quoique le *Maïs* foit inconteftablement un des meilleurs préfens que nous ait fait la nature, le riz, le froment, la pomme de terre & la patate méritent-ils moins notre admiration & notre reconnoiffance ? Ne fourniffent-ils pas également aux hommes & aux animaux une nourriture abondante, & d'une falubrité auffi authentique que l'eft celle du Maïs ? Je prie *M. de la Coudreniere* de me pardonner ces réflexions; s'il fe donne la peine de parcourir mes Ouvrages, il verra que la panification du *Maïs* n'a pas été plus oubliée que celle des autres farineux; & qu'en cherchant à perfectionner cette forme alimentaire, mon intention n'a jamais été

Dans le nombre des productions, auxquelles l'homme consacre l'emploi de son terrain & de ses soins, quelques-unes réunissent en effet certains avantages précieux pour les pays où leur culture est adoptée : mais il n'en est point qui soient entierement exemptes d'inconvéniens. Toutes sont plus ou moins sujettes à des accidens & à des maladies ; elles ont toutes & leurs insectes & leurs parasites. Il faut des travaux pour favoriser leur végétation; une multitude de circonstances font varier le produit & la qualité de leurs récoltes. Il n'y en a pas une enfin qui n'exige des précautions pour être recueillie, conservée & transformée en aliment : c'est à nous qu'il appartient d'approfondir quelle est l'espèce la plus propre à chaque canton, à chaque climat & à chaque terroir.

Tant que l'homme indépendant a dédaigné l'agriculture, la nature toujours économe en productions nutritives, & livrée à elle-même, ne lui donnoit que des fruits âpres, des semences fades, & des racines grossieres, dont la durée & les ressources étoient très-précaires. Mais sa population devenue plus nombreuse, & ses besoins plus multipliés, l'ont-ils porté à vouloir obtenir des récoltes abondantes & pourvues de toutes leurs qualités ? Il a fallu qu'il façonnât son champ par les labours, qu'il l'enrichît par les engrais, qu'il choisît & préparât la semence, qu'il saisît l'instant propice pour la répandre, qu'il en surveillât le produit, pendant & après la moisson. Telle est la loi imposée à quiconque désire retirer de la terre les fruits qu'il la met en état de rapporter; & c'est alors qu'elle joindra la libéralité à la reconnoissance.

Je ne parlerai pas non plus des propriétés merveilleuses que le même esprit d'enthousiasme a attribuées au *Maïs*, indépendamment de la faculté nutritive qu'il possede à un très-grand degré ; car si l'on s'en rapporte encore aux louanges prodiguées à ce grain, les hommes qui en font la base de leur subsistance sont plus sains, mieux constitués, moins exposés à certaines maladies, & parviennent, sans infirmités, à une extrême vieillesse.

de la préparer exclusivement, comme la seule sous laquelle il falloit réduire la nourriture fondamentale, & qu'enfin ce sont des raisons d'économie qui me l'ont fait admettre pour la pomme de terre. Je désire que mes nouvelles recherches secondent les vues d'utilité qui animent véritablement l'Auteur estimable du Mémoire que je cite.]

On

On ne sauroit disconvenir qu'une nourriture simple, solide & prise en quantité suffisante, quelle qu'en soit la nature, ne puisse contribuer à la force & à la santé de ceux qui s'en alimentent : mais aussi une constitution robuste doit avoir également une très-grande influence sur la nourriture, & approprier même aux organes une infinité de comestibles qui en paroissent éloignés dans l'état naturel ; si les premiers jours de leur usage, il en résulte des effets nuisibles dans l'économie animale, l'habitude qu'on en contracte insensiblement, remédie bientôt à ces premiers désordres. Ainsi, tout aliment, pourvu que dans son espèce il soit essentiellement de bonne qualité, & préparé comme il convient, ne produit plus, au bout d'un certain temps, que l'effet nutritif : voilà dumoins ce que nous apprenons en jetant un regard rapide sur la diversité des alimens que le goût ou la nécessité déterminent les Peuples de la terre à faire servir à leur subsistance ordinaire.

[Mais ne pourrois-je pas être taxé moi-même de prévention contre le *Maïs*, si, après avoir hasardé quelques réflexions générales sur les éloges exagérés qu'on a prodigués à ce grain, je ne cherchois à le disculper des accusations qu'on a formées contre ses propriétés & son usage ? Je n'en releverai qu'une seule : l'Académie des Sciences de Bordeaux, en proposant ce sujet au concours, anéantit toutes les autres.

Quelques Auteurs, persuadés encore que la racine est l'organe principal, destiné à pomper la nourriture, & à la transmettre à la plante, en ont conclu que la végétation du *Maïs* exigeoit infiniment du sol, qu'elle épuisoit bientôt le meilleur terrain, lui enlevoit tous ses sels, & le rendoit incapable de produire d'autres grains : mais le temps, l'expérience & le raisonnement ont prouvé que ce reproche étoit sans fondement.

Je sais très-bien que le *Maïs* demande un bon terrain avec un peu de fonds, parce que cette plante ayant une tige haute & grosse, & des racines multipliées qui s'étendent, il faut nécessairement que chaque pied soit espacé de maniere à pouvoir le rechausser pour favoriser sa végétation : mais c'est une vérité démontrée aujourd'hui, que les végétaux tirent leur suc nourricier moins de la terre qui leur sert d'appui, que de l'air au milieu duquel ils germent, croissent

& mûrissent ; que la racine elle-même ne vit en partie qu'à l'aide de ce suc nourricier ; qu'une fois les plantes développées, c'est par leurs feuilles qu'elles s'alimentent ; que ces feuilles sont autant de puissances que la nature se ménage pour soutirer de l'athmosphère le fluide essentiel à leur accroissement, l'élaborer, l'approprier, le distribuer aux autres parties de la plante, & que la terre, comme terre, ne contribue à la végétation qu'autant qu'elle sert de matrice & de base aux plantes.

Au reste, une observation, qui elle seule vaut toutes les raisons qu'on pourroit alléguer ici, c'est que dans les Provinces où la culture du *Maïs* est adoptée, sa récolte est maintenant ce qu'elle étoit il y a un demi-siecle ; que quelquefois on fait succéder dans la même pièce celle des autres grains, qui ne produisent pas moins des récoltes abondantes & assurées, sans que souvent il soit nécessaire d'y répandre de l'engrais. En sorte que loin de croire que le *Maïs* effrite la terre, on pourroit presque démontrer le contraire, parce que ses racines qui sont nombreuses, ameublissent le sol par l'écartement des molécules terreuses, qu'elles les engraissent en s'y pourrissant, & en produisant abondamment de l'*humus* ou terre végétale.

Il seroit superflu de m'arrêter plus long-temps à des discussions auxquelles j'ai cru cependant devoir donner place dans cette espece d'introduction, afin de n'être point obligé d'interrompre par la suite, l'exposé des recherches, des expériences & des observations dont j'ai à rendre compte à l'Académie.

Pour mettre de l'ordre dans ce travail, j'ai divisé les objets qu'il renferme en trois Chapitres particuliers. Le premier traitera de la culture & de la récolte du *Maïs* : dans le second, il sera question des moyens de prolonger la durée de ce grain d'une récolte à l'autre, sans embarras, comme sans frais : les différens emplois qu'il est possible d'en faire, indépendamment des usages ordinaires, seront le sujet du troisieme.]

Si j'ajoute le précis des expériences que j'ai tentées sur la panification du *Maïs*, soit en le mélangeant avec différens farineux, soit en le traitant seul, & sans l'association d'aucun autre levain que celui connu sous le nom de *levure de bierre*, soit enfin en me servant de levain formé uniquement de farine de

Maïs, je n'ai eu pour objet que de développer dans ce grain la faculté fermentescible, & de perfectionner, s'il est possible, cette forme alimentaire sous laquelle l'Européen, & spécialement le Français, aime qu'on lui présente sa nourriture fondamentale.

J'ose donc espérer que l'Académie, loin de considérer ce supplément de travail comme un hors-d'œuvre, ne verra dans l'extension de mes recherches que le désir unique de seconder ses vues d'utilité générale pour une grande Province, à la prospérité de laquelle cette Compagnie savante semble continuellement appliquer le fruit de ses veilles & les moyens honorables d'encouragement, dont elle est la digne dépositaire.

[Avant d'entrer en matiere, il est nécessaire, je crois, d'indiquer les Ouvrages particuliers que nous possédons sur le *Maïs*. Les seuls Mémoires qui ont été publiés sur ce grain, sont dus à l'Académie Royale de Stocholm : l'un est de M. Kalm, & l'autre de M. Vintrop (1). Mais quelqu'intéressans que soient ces Mémoires, ils m'ont paru encore insuffisans & trop peu circonstanciés, pour la solution des questions sur lesquelles il étoit essentiel de répandre du jour. Je me suis donc adressé à des Amateurs distingués qui habitent les cantons à *Maïs*, & qui se sont empressés de me procurer tous les éclaircissemens que je pouvois désirer, avec une complaisance & une exactitude qui caractérisent leur amour pour les Sciences & pour la Patrie. Je me ferai un devoir comme un plaisir, de les nommer à mesure que l'occasion s'en présentera, & de m'acquitter envers eux de la reconnoissance que je leur dois.

(1) Ces deux Mémoires se trouvent insérés dans la Collection Académique, Tom. II, pag. 362, Tom. XIV, pag. 48. Telles sont les sources originales où les Auteurs modernes ont puisé le peu qu'ils ont écrit sur la culture & les propriétés du *Maïs*. M. *Beguillet*, entre autres, pour fournir l'article *Maïs* dans les supplémens de l'Encyclopédie, auroit dû s'épargner un pareil soin, puisque cet article, loin d'avoir été oublié dans ce Dictionnaire, s'y trouve rédigé de la maniere la plus intéressante par le Chevalier *de Jaucourt*. Il n'a donc fait que répéter. à-peu-près dans les mêmes termes, ce que cet Ecrivain célebre avoit déjà dit à ce sujet. On peut aisément s'en convaincre dans les Editions *in*-4° & *in*-8°, où les articles de supplément sont placés immédiatement après ceux insérés dans les premiers volumes.

CHAPITRE PREMIER.

Culture du Maïs.

LE *Maïs* ne croit ſpontanément en aucun endroit, pas même dans ſon Pays natal : il faut néceſſairement le cultiver ; & ſon produit eſt toujours proportionné aux ſoins qu'on en prend. Preſque toute l'Amérique, une partie de l'Aſie, de l'Afrique, & pluſieurs contrées de l'Europe tirent leur nourriture principale de cette plante. Sa culture eſt donc intéreſſante, puiſqu'elle peut réuſſir dans tous les climats, & procurer à la claſſe la plus indigente un aliment ſubſtantiel & économique. Arrêtons-nous d'abord à ſa deſcription.

ARTICLE PREMIER.

Deſcription du Maïs.

Quoique le *Maïs* ſoit déjà décrit d'une maniere plus ou moins exacte, dans les Dictionnaires dont le nombre s'eſt tant multiplié de nos jours, j'ai cru ne pouvoir me diſpenſer d'en donner également une deſcription, ſur-tout dans un écrit conſacré entierement à l'utilité de ce grain. Je l'ai même cultivé à deſſein de reconnoître & de ſuivre la marche de ſa végétation, pour pouvoir obſerver & vérifier par moi-même quelques faits relatifs à la floraiſon & à la fructification de ce grain.

Zea Maïs, Mays, Mahiz *frumentum Indicum G. B. P.* C'eſt le nom Mexicain ſous lequel on déſigne ce grain dans les ouvrages des Savans. Au Pérou, on l'appelle *Zara.*

Cette plante appartient à la deuxieme claſſe des familles de Juſſieu, à la ſeptieme de celles de M. Adanſon, à la quinzieme de la méthode de Tournefort, & la vingt-unieme du ſyſtême de Linné. Elle eſt la plus féconde & la plus vigoureuſe des graminées, & a, comme la plupart des individus de cet ordre, des racines traçantes, des tiges noueuſes, des feuilles étroites, allongées &

engainées, des fleurs sans pétales, & des épis : elle en differe seulement en ce qu'elle ne contient pas les deux sexes réunis ; les sommets sont d'un côté, & les embrions du fruit, de l'autre.

Sa Racine.

A peine le *Maïs* a-t-il germé, que sa racine a déjà un pouce de longueur : mais elle n'augmente pas en proportion ; elle demeure capillaire, fibreuse, blanche, & s'étend plutôt qu'elle ne pivote.

Sa Tige.

Elle est assez ordinairement droite & solide, ronde à son extrêmité inférieure, & s'applatissant vers le haut, où elle est garnie & comprimée par des gaînes de feuilles qui se prolongent. Sa couleur est d'un verd d'eau. Cette tige est articulée par intervalles comme une canne de roseau, remplie intérieurement d'une substance médullaire & douçâtre.

Ses Feuilles.

Elles partent des nœuds de la tige qu'elles entourent à moitié par leur base ; & s'étendent ensuite de la longueur d'un pied environ, sur deux à trois pouces de largeur : elles sont pointues à leurs extrêmités, d'un verd de mer plus ou moins foncé, veinées & rudes sur leurs bords, relevées de plusieurs nervures droites, dont la dorsale mitoyenne est procombante en-dessous, & comme creusée en-dedans. Elles sont naturellement coriaces.

Ses Fleurs.

Il y en a de mâles & de femelles, séparées sur le même individu. Les fleurs mâles forment un bouquet au sommet de la tige : c'est un panicule long de huit à neuf pouces, partagé quelquefois en vingt-cinq à trente épis penchés, composés de fleurs portant ordinairement trois étamines renfermées entre deux écailles. Elles sont, ou blanches, ou jaunâtres, ou purpurines.

Au-dessous du panicule, & à l'aisselle des feuilles inférieures, sont placées les fleurs femelles, dont les stigmates, semblables à des filamens longs & chevelus, se terminent en houppe soieuse diversement colorée. Les embrions deviennent des fruits arrondis attachés par l'angle inférieur à la rape ou épi.

De l'Épi.

Nous lui conservons ce nom, quoique ce ne soit réellement pas un épi, mais un gros gland, en forme de grappe ou de pomme de pin, long de 8 à 9 pouces, enveloppé de plusieurs feuilles roulées & sortant vers le milieu de la tige : sur ce gland sont serrés & rangés en ligne droite, des grains arrondis à leur superficie, anguleux du côté par où ils tiennent à l'axe, & enchâssés comme dans une alvéole ; ils sont recouverts d'une écorce mince, lisse & ferme, plus ou moins colorée, & renfermant intérieurement une matiere blanche & farineuse.

ART. II.

Phénomenes de la végétation du Maïs.

Il s'en faut que les fleurs qui terminent la tige du *Maïs* en forme de bouquet, soient, comme quelques Auteurs l'ont avancé, des fausses fleurs, des fleurs stériles : ce sont au contraire des fleurs mâles destinées à féconder les fleurs femelles, qui, comme dans la famille des Courges, & celle de beaucoup d'autres plantes, naissent sur le même pied, mais dans des endroits séparés. C'est pour cette raison, qu'il est si important de ne point les retrancher avant le temps que nous aurons soin d'indiquer.

Cependant, quoique le *Maïs* soit du nombre des végétaux où les deux sexes se trouvent séparés, rien n'est plus commun que de les rencontrer réunis, tantôt sur l'épi à fleur, & tantôt sur l'épi à fruit. J'ai vu ce phénomene répété jusqu'à trois fois, dans des carrés où il y avoit à peine 40 pieces de *Maïs*. J'ai vu à la place des panicules, des épis chargés de grains bien fécondés, & dont le défaut de tuniques les empêchoit d'arriver à leur maturité ordinaire. Ces pieds n'avoient pas moins aux aiſſelles des feuilles, des épis à fruit. J'ai vu quantité d'autres épis à fruit, bien revêtus de leurs enveloppes, auxquels le panicule ſervoit de receptacle, & dont l'extrêmité ſe trouvoit détachée. Enfin, j'ai vu des panicules dont chaque petit épi portoit çà & là des grains très-bien fécondés, mais ſe deſſéchant & ſe noirciſſant enſuite à cauſe de l'action immédiate de l'air.

Un accident arrivé à un pied de *Maïs*, m'a donné lieu de faire une obſervation. La tige principale ayant été arrachée, je laiſſai ſubſiſter les deux tiges acceſſoires, que les Suédois Américains nomment les *Suçeures :* elles s'éleverent fort hautes ; & leurs panicules préſenterent de longs piſtils portés ſur des embrions de fruits qui ont groſſi, mûri & fini par ſe gâter.

Pour ſavoir ſi ce phénomene étoit dû particulierement à l'abſence de la tige principale, je les ſupprimai à quatre pieds de *Maïs*, en laiſſant à chacun les rejetons : ils ont continué de croître, & j'ai eu le plaiſir de remarquer ſur trois de ces pieds le même phénomene, tandis que l'autre a donné ſon panicule ordinaire ſans fruit. Je n'ajoute à cette obſervation aucune réflexion, je me contente ſeulement de la rapporter.

Curieux de vérifier quelques obſervations avancées par les meilleurs Botaniſtes ſur la végétation du *Maïs* (1), je me ſuis amuſé à retrancher à différentes époques, le panicule au moment où il ſort du fourreau, quand il s'épanouit, & enfin quand il commence à ſe ſécher. J'ai preſque toujours opéré l'avortement du fruit ; j'ai eu cependant quelques épis auſſi gros, & qui me paroiſſoient auſſi bien fécondés que ſi la plante n'eût ſouffert au-

(1) *Géoffroi* le jeune, qui a donné dans les Mémoires de l'Académie Royale des Sciences pour l'année 1711, des obſervations ſur la ſtructure & l'uſage des principales parties des fleurs, dit, en parlant du *Maïs*, avoir vu un épi à fleur changé en épi à fruit, ſans que ce dernier en eût aucunement ſouffert. Ayant coupé à quelques pieds les étamines des fleurs mâles, il a remarqué ſur les uns, que les épis, après avoir acquis une certaine groſſeur, ſe ſont ſéchés ſans que les embrions des grains aient profité, & que ſur d'autres pieds il y a eu quelques grains le long des épis, qui ont groſſi conſidérablement, & qui ayant un germe, étoient par conſéquent fécondés, tandis que les autres ſont avortés ; mais aucun épi n'eſt venu entier.

cun retranchement : car on ne peut gueres s'aſſurer ſi le germe, formé en même-temps que les autres parties du grain, eſt fécondé, à moins que ce ne ſoit par la reproduction.

On penſe bien que ſi les grains ſont fécondés ſur des pieds de *Maïs* dont on a retranché avec l'attention la plus ſcrupuleuſe, les fleurs mâles avant le temps, cette opération eſt due à la pouſſiere ſéminale apportée par le vent, des plantes de la même eſpèce qui végetent dans le voiſinage : car on ſait maintenant que l'éloignement dans les individus végétaux de différens ſexes, n'eſt plus une raiſon à oppoſer pour conteſter que les fleurs s'attirent, depuis la fameuſe obſervation du Palmier Dattier, dont la pouſſiere fécondante eſt devenue par la ſuite un objet de commerce d'autant plus important, que dans les années pluvieuſes, lorſque les fleurs mâles coulent en certains cantons, on eſt trop heureux de recourir à celles que la ſaiſon a pu ménager.

Il m'a paru encore que les épis des pieds dont j'avois retranché le panicule long-temps avant la maturité, étoient toujours, quoique fécondés, beaucoup moins vigoureux : peut-être ne ſauroit-on faire ſubir à la plante une pareille amputation ſans nuire à la conſtitution du végétal : que n'eſt-on pas obligé de faire à des arbres auxquels on a retranché des branches conſidérables, pour prévenir la moiſſiſſure & l'ulcère qui s'y forment !

Quoique je ne doute point de la néceſſité indiſpenſable des étamines pour féconder les plantes, j'ai cherché à leur en interdire l'accès. Pour cet effet, j'ai enveloppé d'une mouſſeline aſſez épaiſſe pluſieurs épis à fruit, avant que les filets ſoyeux ne fuſſent ſortis de leurs étuis, & le panicule de ſon fourreau. Ces épis ont groſſi comme ceux qui étoient à découvert ; & examinés avec attention, ils paroiſſoient compoſés de grains fécondés ; mais les gelées blanches les ayant ſurpris ſur pied avant leur maturité, je n'ai pu acquérir la preuve de leur fécondité.

Si je rapporte cette obſervation, ce n'eſt pas que je veuille contredire les belles expériences de M. *Logan*, Préſident du Conſeil de Philadelphie : mais elle ſert à prouver au moins que nous ne ſommes pas inſtruits à fond, ſur la véritable maniere dont les fleurs mâles répandent leur pouſſiere ſur les épis à fruit. Il n'en faut ſans doute que des atomes ; & ſa ténuité doit être auſſi ſubtile que celle des fluides, pour opérer la fécondation à travers le tiſſu d'une toile : d'où il eſt néceſſaire de conclure qu'il exiſte encore beaucoup de doutes ſur la maniere dont l'œuvre de la génération s'accomplit dans les deux regnes. Peut-être ſera-ce toujours un myſtère impénétrable pour l'homme, condamné à ne former jamais à ce ſujet que des conjectures.

Mais ce n'eſt point un ouvrage de Botanique que je publie : je déſirerois ſeulement que les hommes qui cultivent cette ſcience, cherchaſſent à la rendre plus avantageuſe à la ſociété ; que, par exemple, ils fiſſent toujours choix, pour objet de leurs expériences & de leur méditation, des plantes telles que le *Maïs*, dont l'utilité eſt ſi générale. Combien de phénomenes dignes de leur attention ! Qu'ils nous apprennent, par exemple, pourquoi certains pieds de *Maïs* qui ont fleuri & fructifié dans le même terrain, au même aſpect, & dans les circonſtances les plus favorables, ne donnent que des épis entierement avortés, tandis que d'autres, dont la végétation a paru languiſſante, en ont fourni de vigoureux, garnis de grains parfaitement bien fécondés ? Pourquoi quelques pieds ont toutes leurs cellules vuides, & d'autres remplies de grains venus à maturité ſans poſſéder la faculté germinative ? Pourquoi, dans preſque tous les épis, l'extrêmité ſe trouve ſans être fécondée, lorſque rien n'empêche les piſtils de recevoir la pouſſiere ſéminale ? Pourquoi, ... mais je le répete, le ſeul moyen d'agrandir le domaine de la Botanique, eſt de faire acquérir à ceux qui la cultivent des droits mérités à la reconnoiſſance publique ; c'eſt de ceſſer de conſidérer cette ſcience en froids nomenclateurs, plus occupés de multiplier les phraſes, & de groſſir le nombre des individus, que de développer dans quelques-uns les avantages qu'ils peuvent procurer aux Arts & à l'humanité.

ART. III.

Origine du Maïs.

Les plus anciens Ecrivains qui ont parlé du *Maïs* ne remontent gueres au-delà du quinzieme ſiecle ; & ce ſont les Eſpagnols auxquels nous ſommes redevables de la premiere deſcription exacte que nous poſſédions de ce grain. Il eſt étonnant que les ſentimens ſoient encore partagés ſur ſon origine ; appuyons-nous des autorités les plus recommandables pour fixer l'opinion à cet égard.

L'Ouvrage où les Hiſtoriens modernes ont puiſé le plus de faits, touchant la conquête du Nouveau Monde, eſt celui de *Dom Antonio de Solis* (1) : on y voit que quand *Cortez* prit congé du *Cacique de Tabaſco*, ce Prince fit préſent au Général Eſpagnol de vingt Indiennes bien parées à la mode du pays, pour qu'elles euſſent ſoin, pendant ſon voyage, d'apprêter à manger pour lui & ſes Compagnons ; il ajoute qu'elles étoient fort habiles à aſſaiſonner les mets, & particulierement à faire le pain de *Maïs*, emploi confié aux femmes dans ce vaſte Empire de l'Amérique ſeptentrionale.

L'Auteur qu'on peut regarder comme le dernier Hiſtorien contemporain de la conquête du Pérou, eſt *Garcilaſſo de la Vega* (2). Il aſſure que quand les Eſpagnols découvrirent l'Amérique, la terre de ce nouveau pays rapportoit différens fruits, dont le principal étoit le *Maïs* avec lequel les habitans préparoient du pain ; & *Jean de Laët* (3) entre dans les détails les plus circonſtanciés, relativement aux différens uſages que les Sauvages de l'Amérique

(1) Hiſtoire de la conquête du Mexique ou de la nouvelle Eſpagne, par Fernand Cortez, traduit de l'Eſpagnol par l'Auteur du Triumvirat, ſixieme édition, à Paris, tom. 1, page 132 ; cet Ouvrage parut pour la premiere fois en 1684.

(2) Hiſtoire des Incas, Rois du Pérou, traduit de l'Eſpagnol par J. Baudouin, Amſterdam 1704, in-12, tom. 2, pag. 294 & ſuiv.

(3) Hiſtoire du Nouveau Monde, ou deſcription des Indes occidentales, Leyde 1740, in-f°., liv. 7, chap. 3, page 238 & ſuiv.

faisoient du *Maïs*, soit comme aliment, soit comme boisson, soit enfin comme remede.

Un Missionnaire Espagnol, le Pere *Joseph Gumilla* (1), prétend que les Indiens qui vivoient dans les bois, semoient & recueilloient toute l'année du *Maïs*, en employant toutes les précautions pour mettre leurs semailles & leurs récoltes à l'abri de la rapine des animaux destructeurs ; & *Gonsalva Fernandès d'Oviedo* (2) prétend que c'étoit la seule culture dont ils s'occupoient, & qu'ils observoient à cet égard le meilleur ordre, tant pour les semailles que pour la récolte du *Maïs*.

Enfin, *Joseph Dacosta* (3) assure que le *Maïs* tenoit le premier rang parmi les substances dont se nourrissoient les Indiens avant qu'ils fussent conquis, qu'ils en préparoient du pain, & que ce pain étoit de qualité bien différente de celui qu'on fait avec nos grains d'Europe. Il ajoute que le Créateur, en départissant à chaque Région ce qui lui étoit nécessaire, avoit donné à l'ancien continent le froment, & le *Maïs* au nouveau.

Mais il est étonnant, comme le remarque très-judicieusement M. *Robertson* (4), que cet Auteur, l'un des plus exacts & des plus instruits de l'Amérique, prétende ensuite que le *Maïs*, quoique cultivé au Continent du Nouveau Monde, n'étoit point connu dans les Isles, où l'on ne mangeoit que du pain de *Cassave ;* cependant *Martyn*, dans le premier Livre de ses Décades, qu'il écrivit en 1493, après le premier retour du voyage de Cristophe-Colomb, cite expressément le *Maïs* comme une plante cultivée par les Insulaires,

(1) Histoire Naturelle, civile & géographique de l'Orénoque & des principales rivieres qui s'y jettent, traduit de l'Espagnol sur la deuxieme édition, par M. Eidous, Ingénieur des Armées de S. M. C., tom. 3, page 174.

(2) Histoire naturelle & générale des Indes, traduite du Castillan par Jean Polem, Paris 1556, *in-fol.*, liv. V, chap. 1, page 102 & suiv.

(3) Histoire naturelle & morale des Indes tant Orientales qu'Occidentales, composée en Castillan & traduite en Français par Robert Regnault, Paris 1606, *in-8°.* liv. 4, chap. 16, pag. 152 & suiv.

(4) Histoire de l'Amérique traduite de l'Anglais, nouvelle édition, tom. 2, page 504. Cet Ouvrage est infiniment intéressant par l'importance du sujet, par la maniere dont il est traité, & par le nom célebre de l'Auteur de l'Histoire de *Charles-Quint.*

& dont ils faiſoient du pain. Et François *Lopez de Gomera* (1), l'un des plus anciens Hiſtoriens Eſpagnols de l'Amérique, affirme qu'ils connoiſſoient auſſi la culture du *Maïs* dont ils faiſoient leur nourriture & leur boiſſon principales. Enfin tous les Auteurs Modernes qui ont décrit l'Hiſtoire Naturelle de chacune de nos Iſles, ont mis le *Maïs* au rang des plantes du Pays.

Il paroît donc bien démontré, d'après les Ecrivains regardés avec raiſon par leurs Contemporains comme les ſources les plus originales & les plus authentiques de tout ce qui a été écrit ſur les mœurs, les uſages & les productions des Américains, que le *Maïs* eſt une plante indigene de cet hémiſphère : il ne nous reſte plus qu'à prouver que nous en ſommes redevables à la découverte du Nouveau Monde.

Quelles que ſoient donc les raiſons ſur leſquelles ſe fondent des Auteurs, d'ailleurs recommandables, pour eſſayer de démontrer que le *Maïs* n'eſt pas originaire d'Amérique, il eſt certain que nos plus anciens Hiſtoriens n'ont fait aucune mention de ce grain ; & que s'ils l'euſſent connu, ils n'auroient pas manqué de nous le déſigner : il a des caractères ſi frappans, qu'il ſeroit difficile de le méconnoître.

Lorſque *Pline* fait mention d'un millet venu depuis dix ans de l'Inde, avec lequel on faiſoit en Italie une excellente bouillie, pluſieurs Auteurs, entre autres M. *Deſplaces* (2), ont prétendu que c'étoit le blé de Turquie dont ce Naturaliſte vouloit parler : mais les plus célèbres Botaniſtes (3) aſſurent que ce millet d'Inde eſt le *Sorgo* à tête de roſeau dont a traité *Philoſtrate*, (*Vie d'Apollonius de Tyane*, liv. 3, ch. 2, pag. 112) & M. *Jault* ajoute que c'eſt ſans raiſon qu'on a donné au *Maïs* le nom de blé de Turquie, puiſqu'il ne vient ni de Turquie ni d'Aſie, mais des Indes occidentales.

(1) Hiſtoire Générale des Indes Occidentales, compoſée en Eſpagnol, traduite en François par le ſieur de Genilli, 5e. édit. augmentée, à Paris 1584, *in*-8°., livre VI, chap. 20, page 471 & ſuivantes.

(2) Hiſtoire de l'Agriculture ancienne, extraite de l'Hiſtoire Naturelle de Pline, livre 18, page 49.

(3) *Dodonée* aſſure que le Maïs eſt originaire de l'Amérique. Voyez *Dodonée*, *Pempt.* 4, l. 1, cap. 29.

On voit dans *l'Histoire générale des Voyages, par l'Abbé Prévost, tom. 4, édit. in-4°., pages 224 & 225*, que ce sont les Portugais, qui les premiers transporterent d'Amérique le *Maïs* sur la côte d'Or ; que ce grain avoit été jusqu'alors inconnu des Negres, & qu'il a multiplié en Afrique avec tant d'abondance, que toutes ces Régions en sont maintenant couvertes, & qu'il y a réussi comme dans le Pays où il est né.

Il y a donc tout lieu de croire que c'est à l'époque où les Européens établis dans les Isles de l'Amérique, imaginèrent d'aller acheter des Cultivateurs en Afrique, qu'ils porterent le *Maïs* dans ces climats, & rapporterent en retour le *Manioc*, qui de temps immémorial formoit la nourriture des Negres : car il n'est pas encore bien prouvé que ce végétal fût aussi généralement connu en Amérique que l'ont prétendu quelques Auteurs, à moins qu'il ne s'agisse de celui qu'on mange, comme les patates, les ignames & les pommes de terre, sans autre préparation que de le faire cuire dans l'eau, ou griller sous la cendre.

Quoi qu'il en soit de l'origine du *Manioc*, il est certain que ce végétal qui ne peut devenir une nourriture qu'après avoir subi une préparation fatigante, & dans lequel le poison est si près de l'aliment ; il est certain, dis-je, qu'il n'auroit jamais dû être employé dans nos Isles. Pourquoi une avidité sans bornes ferme-t-elle encore les yeux sur le danger d'une pareille nourriture, & ne pas imiter les autres Européens qui ont également formé des établissemens dans les Colonies, & qui connoissent à peine le *Manioc !*

C'est assez insister sur l'origine du *Maïs* ; il n'est plus permis de douter que cette plante ne soit une production indigène du Continent, ainsi que des Isles de l'Amérique ; & que c'est de ce nouvel hémisphère qu'il a été transporté dans les autres parties de l'Univers.

ART. IV.

Des différentes especes de Maïs.

Il paroît que les Botanistes ont fait du *Maïs* ce qu'ils ont déjà fait du blé ; en le subdivisant à l'infini, puisque Tournefort en a établi jusqu'à quinze & seize especes individuelles : mais ce ne sont que des variétés ; & selon le rapport des meilleurs Voyageurs, il n'y en a réellement que deux espèces particulieres : l'une, qui ne mûrit que dans l'espace de cinq mois ; & l'autre, à qui il faut à peine la moitié de ce temps pour parcourir le cercle de sa végétation. Ainsi il existe incontestablement du *Maïs* précoce & du *Maïs* tardif.

Du Maïs précoce.

Il n'y a pas d'apparence que cette espèce soit, comme l'avance M. *Kalm*, une dégénération du *Maïs* ordinaire, qui, selon cet Auteur, diminue continuellement en allant du midi au nord. Car la faculté qu'il a de croître plus promptement, & de rapporter presqu'autant à terrain égal, semble assez prouver le contraire. D'ailleurs tous les Historiens des Isles & du continent de l'Amérique (1) se réunissent, pour assurer qu'on y connoît deux especes de *Maïs* bien distinctes.

Comme dans un sol riche & sous un climat chaud, il est possible de semer & de récolter deux fois l'an, beaucoup de productions dans le même terrain, on pourroit croire que c'est le *Maïs* ordinaire qui jouit de cet avantage dans l'Amérique méridionale, si je n'avois la certitude que l'espèce dont il s'agit a été également transportée en Europe, & qu'on la connoît dans le Piémont sous

(1) *Fernandez d'Oviedo*, dans l'Ouvrage déjà cité, assure qu'en Nicaragua, Province de la terre ferme de l'Amérique méridionale, il y a du *Maïs* qu'on moissonne quarante jours après qu'il est semé. L'Histoire de l'Orenoque fait mention d'une espece de *Maïs*, que les Indiens de ces contrées appellent *Ouona*, c'est-à-dire, *Maïs* de deux mois, parce qu'il est en état d'être cueilli au bout de ce temps ; en sorte que, dans le cours d'une année, ils en font deux récoltes.

le nom de *Quarentain.* M. le Comte *Verdina de Saint-Martin*, Gentilhomme Turinois, qui a conſacré les premieres années de ſon printemps, à l'étude des Sciences & des Arts, m'a promis de m'en procurer dès qu'il ſeroit de retour dans ſa Patrie : je me flatte qu'il réaliſera ſa promeſſe, & que je pourrai faire connoître & répandre ce *Maïs* précoce.

Avantages du Maïs précoce.

De quelle utilité ne deviendroit pas cette eſpèce, ſi elle étoit auſſi commune dans le Royaume qu'elle paroît l'être dans les différentes contrées de l'Amérique ? Elle pourroit convenir à un terrain & à un aſpect où l'autre ne réuſſiroit pas; il ſeroit poſſible, dans nos Provinces méridionales, d'obtenir deux récoltes dans une année, ou de faire ſuccéder à certaines cultures hatives celle-ci: & dans les parties les plus ſeptentrionales, où le *Maïs* ordinaire fleuriſſant tard, l'hiver le ſurprend avant la maturité, le grain reſte verd & n'eſt point de garde, on pourroit eſpérer de lui faire acquérir le même degré de ſéchereſſe & de maturité auquel parvient celui qui croît dans des contrées plus chaudes, ſans être obligé enſuite de recourir à la chaleur du four & de l'étuve, pour lui donner la propriété de ſe conſerver long-temps, & d'être moulu avec avantage.

Du Maïs tardif.

C'eſt celui qui ſe cultive en France, ainſi que dans les autres parties des deux hémiſphères : il porte des tiges plus ou moins hautes, ſelon la bonté du terrain, la culture & l'expoſition. On le nomme *le grand Maïs* dans la Caroline & la Virginie, où l'on prétend qu'il s'éleve juſqu'à dix-huit pieds; mais ſa plus grande hauteur, dans nos climats, ne va pas à plus de la moitié.

Avantages du Maïs tardif.

Sans doute que ce *Maïs* eſt plus vigoureux, plus fécond, puiſqu'il demeure davantage ſur terre. On connoît à cet égard le ſentiment de pluſieurs Agronomes inſtruits, qui rapportent différentes obſervations, tendantes toutes à prouver que la quantité & la qualité des productions dépendent de la durée de leur végétation ; ils expliquent en même-temps pourquoi les pays froids font fi fertiles en grains, malgré les défavantages apparens de leur climat : c'eft donc une coutume pernicieufe d'attendre fi tard, foit en automne, foit au printemps, pour commencer les femailles. Mais il feroit poffible que le *Maïs* tardif eût encore une qualité fupérieure, & qu'il fût au *Maïs* précoce ce qu'eft le blé d'hiver au blé de Mars. Nous ferons peut-être un jour en état de prononcer fur ce point intéreffant.

ART. V.

Des variétés du Maïs.

On diftingue plufieurs variétés de *Maïs*, qu'il faut éviter de confondre avec les efpèces dont nous venons de parler ; car elles ne différent les unes des autres, que par le volume & la couleur extérieure du grain. Elles germent, croiffent & mûriffent de la même maniere ; les parties de la fructification font abfolument femblables ; & fi les alimens qu'elles fourniffent ont quelques nuances d'afpect ou de goût différent, ces nuances font ordinairement fort peu fenfibles.

Il y a donc du *Maïs* rouge, du *Maïs* jaune & du *Maïs* blanc, qui fouvent fe rencontrent dans le même champ & fur le même épi ; & quoiqu'on ait prétendu que le *Maïs* rouge ne fouffroit pas de grain de couleur différente, j'ai vu des épis rouges avoir des grains jaunes, blancs & violets, & même des grains qui préfentoient cette bigarrure.

Il exifte plufieurs fentimens fur la variété de couleur du *Maïs* ; les uns prétendent qu'elle eft due au germe ; les autres à l'expofition : il y en a enfin qui veulent que ces altérations de couleur foient plus fréquentes felon les années & les terrains. *M. Lambert* Botanifte inftruit, m'a affuré qu'en Alface *le Maïs* étoit plus coloré dans les terres argilleufes, tandis que dans les terres calcaires on le trouve abondamment nuancé : mais c'eft toujours à un concours de circonſtances & d'accidens, qu'il faut attribuer ces variétés, il nous ſuffit de ſavoir qu'elles vont à-peu-près de pair pour la production, & que ce n'eſt gueres qu'après la récolte, qu'on peut s'appercevoir ſi les épis ſeront blancs, jaunes ou rouges : car la plante, comme nous l'avons déjà obſervé, n'offre aucune différence dans ſon port.

Du Maïs rouge.

On peut ranger dans cette variété le *Maïs* bleu, violet ou noir, qui ne differe que par ſon intenſité. Cette couleur eſt purement accidentelle ; on ne ſeme pas ce *Maïs* dans nos climats. Auſſi ſe rencontre-t-il aſſez rarement ; & il arrive que dans une piece de terre de pluſieurs arpens, à peine en rencontre-t-on un épi.

Cette variété de *Maïs* n'eſt cependant pas auſſi eſtimée, elle paſſe aſſez communement pour la moindre dans nos Provinces, où elle eſt regardée comme le ſeigle de ce grain. A la vérité les négres qui en conſomment une prodigieuſe quantité, font au contraire plus de cas de celui qui eſt rouge ; peut-être par la raiſon que c'eſt la couleur favorite de ces peuples. *M. l'Abbé Prevoſt* qui nous apprend cette circonſtance, ne dit point s'ils ne ſement que du *Maïs* rouge. Quoi qu'il en ſoit, je me ſuis aſſuré que cette couleur étoit aſſez conſtamment héréditaire ; car je l'ai ſemé rouge, & l'ai récolté rouge ; mais le *Maïs* jaune & le *Maïs* blanc ſont les variétés principales que nous cultivons.

Du Maïs jaune.

La couleur primitive du *Maïs* eſt jaune : c'eſt dumoins la plus univerſellement répandue. Cette couleur eſt plus ou moins foncée. On aſſure que dans les fonds médiocres, ce grain eſt plus jaune que dans les terres baſſes.

On ſeme le *Maïs* jaune de préférence dans les terres ſablonneuſes où il réuſſit mieux que le blanc ; on prétend même qu'il eſt un peu plus précoce. Auſſi eſt-il choiſi, lorſqu'il faut enſemencer les terres qui ont déjà rapporté. Pourquoi n'eſt-on pas plus attentif à ces deux conſidérations ? Elles n'échappent point aux Béarnois ni aux Américains particulierement, qui dans les terres fablonneufes ne cultivent que du *Maïs* jaune, malgré la préférence qu'ils accordent au *Maïs* blanc.

Du Maïs blanc.

Il paffe en Béarn pour être le plus productif. L'épi eft auffi plus grand & la tige plus élevée. Cependant cette différence, (fuivant l'obfervation d'un Chymifte diftingué de Bayonne qui nous a procuré des renfeignemens précieux fur le *Maïs*, en nous impofant la loi de ne pas le nommer) dépend de ce que l'on feme cette variété dans les meilleurs terrains qu'on a eu foin de fumer, tandis que dans cette Province, on feme le *Maïs* jaune dans les terres marécageufes qui n'ont pas befoin de fumier.

Les Américains de la nouvelle Yorck préferent le *Maïs* blanc à tous les autres; & lorfqu'ils n'ont récolté que du *Maïs* jaune, ils le vendent pour en acheter du blanc, dont la galette, felon eux, a une meilleure qualité. Voilà dumoins ce que nous a appris *M. Ferand*, Apothicaire Major de l'armée de M. le Comte de Rochambaud, qui a eu occafion de faire cette remarque pendant le féjour des Français dans cette Province intéreffante des Etats-Unis.

Mais s'il s'agiffoit de décider dans ce moment, fi cette préférence eft fondée ou non, nous ferions fort embarraffés de prononcer, puifque l'analyfe, comme nous le dirons par la fuite, ne nous a préfenté aucune différence effentielle dans la nature & la proportion des parties conftituantes. Peut-être la prédilection pour le *Maïs* blanc ne dépend-elle que de fa couleur, qui rapproche davantage la bouillie ou la galette, qu'on en prépare, de celles des autres farineux également ufités. C'eft d'ailleurs aux habitans des cantons où l'on cultive l'un & l'autre *Maïs*, à nous éclairer de leurs lumieres & de leurs obfervations.

ART. VI.

Des accidens du Maïs.

Les végétaux ſont ſujets à des accidens & à des maladies qui dérangent & détruiſent même leur organiſation. Il n'eſt pas toujours poſſible à l'homme d'en prévenir les ſuites.

Le *Maïs* réunit aſſez d'avantages par lui-même, ſans encore lui ſuppoſer une conſtitution capable de braver toutes les intempéries des ſaiſons; & quoique la nature ait revêtu ſa ſemence d'une enveloppe épaiſſe, qui la garantit long-temps des effets de la pluie, du froid & des animaux deſtructeurs, on ne ſauroit diſconvenir que l'humidité, la ſéchereſſe, le vent & le froid n'influent directement ſur la médiocrité ou le manque de récoltes.

De l'Humidité.

Si l'on ſeme du *Maïs* dans des terres voiſines des rivieres, ou expoſées à des débordemens, au moment même où la plante ſe développe, on court riſque de la perdre; parce que l'eau échauffée par l'action du ſoleil, en deſſeche le cœur ou le centre, alors fort tendre.

Dans les terres baſſes, une partie de la récolte ſe trouve entierement perdue par les pluies abondantes. Le *Maïs* court riſque de périr ſur pied, quand il ne mûrit que vers la fin de Septembre. Cet accident eſt moins à craindre dans les terres ſeches & légeres.

Le *Maïs* s'étiolle dans les terres trop humides & trop ombragées; ſur-tout lorſque cette humidité arrive avant que la plante ait acquis toute ſa croiſſance. On remarque encore que quand le grain n'a pas été cueilli très-mûr, & qu'il ſurvient de longues pluies après la ſemaille, il pourrit en terre.

De la Sécheresse.

La chaleur continue, ſans être accompagnée en même-temps d'une humidité douce, eſt également contraire à la végétation du *Maïs*. C'eſt alors qu'il faut prendre garde de trop travailler la terre, parce que le pied & la racine se desséchant, la plante souffriroit. Heureusement que les feuilles & les tiges reçoivent dans la nuit, une rosée abondante qu'elles communiquent à toute la plante, à laquelle elle sert comme de bain pour tempérer la trop vive ardeur du soleil. Malgré ce secours bienfaisant, trois semaines ou un mois au plus de sécheresse, sont capables de diminuer, de faire même manquer une récolte entiere de *Maïs*, à moins que le terrain ne puisse être arrosé par des canaux, comme il s'en trouve dans quelques Provinces d'Italie. Mais ces arrosemens doivent être administrés avec prudence, & il ne faut les donner à la plante que quand on s'apperçoit qu'elle commence à languir, & qu'on voit les feuilles se froncer.

Du Froid.

On voit souvent le *Maïs* annoncer les plus belles récoltes; mais les espérances s'évanouissent en partie, s'il tombe des pluies foides dans le mois d'Août. Cet accident est, comme la plupart de ceux que nous venons d'exposer, au-dessus des moyens humains.

Quand les gelées surviennent de bonne heure, & que le *Maïs* a été planté tard, il faut se presser de le cueillir mûr ou non; parce qu'alors il ne fait plus rien dans les champs, les feuilles se fanent, deviennent blanches, le grain se resserre & se tarit; il est infiniment moins susceptible de se conserver, & n'a jamais qu'une qualité médiocre. Aussi est-ce le premier qu'il faut consommer. On le fait sécher; & on s'en sert pour nourrir les bestiaux & les volailles.

Du Vent.

Le vent accompagné d'orage fait un tort d'autant plus grand au *Maïs*, que la plante est plus élevée, & les pieds plus rapprochés les uns des autres. Rien n'est plus ordinaire que de voir des champs entiers versés. Souvent les tiges se relevent d'elles-mêmes moyennant le beau temps, & quelques rayons de soleil; souvent aussi on est obligé de les redresser avec la main, en mettant de la terre autour, & la comprimant un peu avec le pied, afin que la racine preſqu'arrachée & à découvert, ne ſoit point expoſée à l'ardeur du ſoleil, qui la deſſécheroit, & nuiroit ſenſiblement à la plante.

Obſervations ſur les accidens du Maïs.

L'humidité & la chaleur, les deux grands inſtrumens de la nature pour la végétation, concourent d'autant mieux à cet objet, qu'ils ſont proportionnés, & que leurs effets ſe prolongent depuis la germination du grain, juſques à ſa maturité. Or, rien n'eſt plus important pour le cultivateur de *Maïs*, qu'une pluie douce (ou les arroſemens qui y ſuppléent,) ſuivie d'une douce chaleur.

Ce principe poſé, je n'examinerai point ſi le *Maïs* eſt de tous les grains celui qui peut ſoutenir le plus long-temps la ſéchereſſe & l'humidité: mais je dirai qu'il ne faut que jeter un coup-d'œil ſur la ſtructure de cette plante, pour juger qu'elle a plus beſoin qu'aucune autre, de chaleur & de pluie, alternativement, juſqu'à ce que l'épi ſoit entierement formé; c'eſt-à-dire, juſques à la fin d'Août.

Quant aux effets du froid, j'ai pris diverſes informations pour ſavoir ſi, comme on l'a ſi ſouvent annoncé, la ſemence du *Maïs* pouvoit être gelée au Printemps, même à deux ou trois repriſes, ſans que les récoltes fuſſent moins abondantes. On m'a toujours répondu que cette aſſertion étoit de toute fauſſeté, & que quand un pareil accident arrivoit, il falloit néceſſairement recommencer les ſemailles. Ce malheur ſera, il eſt vrai, fort rare, ſi on a ſoin d'attendre pour la plantation, la fin d'Avril ou les premiers jours de Mai; ſur-tout dans nos Provinces méridionales, où l'on peut ſemer de meilleure heure, ſans s'expoſer à aucun danger.

Pour avoir l'occaſion de vérifier par moi-même les effets du froid ſur le *Maïs*, j'en ai planté à différentes époques depuis le mois de Mai juſqu'en Septembre; & j'ai remarqué que les gelées blanches que nous avons éprouvées dès les premiers jours d'Octobre de 1784, s'étoient fait ſentir ſur tous les pieds de *Maïs* plantés un peu tard; que d'abord les feuilles s'étoient fanées,

& que la tige qui porte l'épi, présentoit intérieurement quelques jours après, tous les caracteres d'un végétal aqueux glacé ; en sorte qu'en laissant subsister ces pieds plus long-temps sur terre, le temps devenu plus chaud n'y a point réveillé la végétation engourdie, le grain est resté constamment en lait, & a fini par se gâter.

Au reste, nous croyons devoir faire remarquer encore que le *Maïs* en passant à la germination, conserve presque toute sa solidité ordinaire, & que devenant moins renflé & moins humide que les autres grains de la même famille, le froid peut bien avoir également sur lui moins de prise. Mais la plantule une fois sortie de terre, devient bientôt la proie des gelées. C'est donc à tort & contre l'expérience, qu'on a vanté cette plante comme exempte de tous accidents, & particulierement du froid : il n'en est peut-être point malheureusement qui en soit plus susceptible.

ART. VII.

Des maladies du Maïs.

Long-temps les maladies des grains ont été désignées sous les noms vagues & généraux de *pourriture*, de *nielle*, &c. ce qui a jeté une confusion étonnante parmi les Auteurs qui ont écrit sur cet objet important de l'économie rurale. Mais selon la remarque judicieuse de M. *Tillet*, qui a le plus contribué à débrouiller ce cahos, il est nécessaire, pour parvenir à la connoissance exacte des maladies des plantes, de les bien étudier chacune en particulier, de se rendre attentif aux symptômes qui leur sont propres, & de ne pas trop s'arrêter à certains accidens extérieurs pour établir entr'elles des analogies.

La seule maladie bien connue du *Maïs* est le *charbon*. M. *Tillet* en a donné une description dans les Mémoires de l'Académie Royale des Sciences pour l'année 1760 ; & M. *Imhof* vient de soutenir à Strasbourg sur cette matiere une These intéressante & remplie de détails bien circonstanciés. Il confirme en partie, ce que notre ſavant Académicien nous a appris touchant la nature, la cauſe & les effets de cette maladie.

Du Charbon.

C'eſt ſous ce nom, qu'on a déſigné la maladie du *Maïs*; mais fort improprement; car il y a cette différence eſſentielle, que la tige du froment, du ſeigle, de l'orge, de l'avoine attaqués du charbon, ne porte point de grain, au lieu que dans le *Maïs*, cette maladie affecte toutes les parties de la plante, & que l'épi eſt, tantôt compoſé de bons grains & tantôt de grains mêlangés. Elle demande donc une claſſe à part, & mérite d'être diſtinguée de celle qui attaque les autres graminées.

Caracteres du Charbon.

Les caracteres auxquels on reconnoît le charbon du *Maïs,* ſont, d'après *M. Imhof*, une augmentation conſidérable de volume dans l'épi, dont les feuilles recouvrent un aſſemblage de tumeurs fongueuſes d'un blanc rougeâtre à l'extérieur, qui rendent d'abord une humeur aqueuſe, & ſe convertiſſent, en ſe deſſéchant, en une pouſſiere noirâtre, ſemblable à celle que renferme le *lycoperdon* ou veſce de loup.

Ces tumeurs charnues, qui varient de grandeur & de forme, ſont quelquefois de la groſſeur d'un œuf de poule, mais rarement au-delà. On les apperçoit, tantôt à la tige & aux feuilles, tantôt à l'épi, & même aux étamines des fleurs. M. *Imhof* a remarqué que cette maladie n'attaque point, dans le même temps, toutes les tiges qui s'en trouvent affectées par la ſuite; & il réſulte de ſes obſervations, que ce ſont les pieds les plus tardifs qui ſe trouvent les plus expoſés à cet accident.

Cauſes du Charbon.

La plupart des Phyſiciens qui ſe ſont livrés à l'étude des maladies des grains, n'ont fait aucune difficulté d'en attribuer la caufe à la piqûre des infectes, tandis que les Cultivateurs ont cru devoir rapporter tous les malheurs qui arrivent dans leurs champs & dans leurs vergers, aux brouillards malfaifans. Mais aucune de ces caufes ne fauroit être admife pour expliquer l'origine du charbon du *Maïs*.

Comme cette maladie fe montre plus communément fur les pieds vigoureux qui portent plufieurs épis, que fur ceux qui font foibles, peu élevés, & qui viennent dans des terres maigres, il eft vraifemblable qu'elle dépend, comme l'a foupçonné M. *Tillet*, d'une furabondance de feve, qui, dans un fol favorable, & dans un temps propice, fe porte avec affluence vers certaines parties, les engorge, & occafionne des ruptures & des épanchemens.

Nature du Charbon.

La pouffiere que renferment les tumeurs de *Maïs*, eft d'un brun foncé, fans odeur, ni prefqu'aucun goût. Traitée dans un appareil *pneumato-chimique*, elle fournit de l'air fixe & de l'air inflammable en différentes proportions; jetée fur le charbon rouge, elle s'y enflamme en décrépitant; bouillie dans l'eau, elle la colore, & fournit une matiere extractive & du fel marin. Enfin, les produits qu'elle donne par l'analyfe à feu nud, font femblables à ceux que j'ai retirés de la carie des blés, un acide, de l'huile & de l'alkali volatil; en forte qu'on ne peut gueres la comparer, pour fa nature, à la pouffiere qui fort du *lycoperdon*, puifque cette derniere ne produit à la cornue que de l'acide.

Effets du Charbon dans le corps humain.

Ils font nuls dans l'économie animale. M. *Imhof* a pris par la bouche, le matin à jeun, de la pouffiere de charbon de *Maïs* en quantité confidérable, & par le nez en guife de tabac, fans en avoir éprouvé aucuns changemens, fans avoir remarqué dans fes fécrétions rien d'extraordinaire, fans avoir fenti d'irritation à la membrane pituitaire: d'où l'on peut conclure que cette pouffiere n'eft pas plus nuifible que celle de la carie de blé, dont nous avons également exa-

miné

miné les effets ſur des animaux, en leur donnant de cette pouſſiere, une doſe infiniment plus grande que celle qui couvre les fromens qui en ſont les plus infectés.

Effets du charbon ſur les ſemailles.

Ils ſont également nuls. M. *Tillet* a fait des expériences qui prouvent que la pouſſiere contenue dans les tumeurs dont il s'agit, n'eſt nullement contagieuſe. *M. Imhof* s'en eſt également aſſuré, & il finit par une réflexion bien vraie, en diſant que nous ſommes fort éloignés de connoître les vraies cauſes des maladies qui affectent les graminées.

Remedes du charbon.

Ils feroient bientôt ſous la main, s'il étoit poſſible d'écarter de nos champs cette maladie avec autant de facilité que la carie des blés: il ſuffiroit de laver les grains de ſemence, de les faire tremper dans une leſſive de cendres de bois neuf, animée par de la chaux vive : mais heureuſement que cette pouſſiere n'eſt point, ainſi que nous l'avons déjà remarqué, contagieuſe comme la carie des blés.

Il n'y a pas d'autres moyens à employer pour guérir les pieds de *Maïs* affectés de charbon, que d'enlever à propos ces tumeurs ſans offenſer la tige, ou de couper les panicules qui contiennent les fleurs mâles, avant que les antheres ne mûriſſent: le ſuc ſéreux alors n'étant plus détourné de ſon cours par cette humeur, circule librement, aboutit à l'épi & le nourrit. Les pouſſieres ſéminales détruites ſeroient remplacées par les pieds voiſins.

Lorſque les Laboureurs coupent les ſommités de *Maïs*, pour le donner en guiſe de fourage au bétail, ils arrachent bien en même-temps les plus groſſes de ces tumeurs, ſans faire attention à celles qui ſont moins conſidérables, & qu'ils laiſſent ſubſiſter; ils devroient faire ſubir à toutes la même opération, parce que les tiges chargées de charbon ne portent enſuite que des épis médiocres, & que d'ailleurs la plante n'a ſouvent aucuns vices dans ſon intérieur.

Réflexions ſur les maladies du Maïs.

Outre les accidens & les maladies auxquels le *Maïs* eſt ſujet pendant ſa végétation, il peut y avoir encore d'autres circonſtances qui donnent lieu à des états particuliers du grain (1). J'ai rencontré des tiges qui avoient une apparence ſaine, & les grains gâtés dans l'épi. J'ai vu des pieds très-vigoureux ayant des points de moiſiſſure ſur toute la ſurface, & leurs épis corrompus. Souvent il y a des tiges très-belles auxquelles il ne paroît pas qu'il ſoit arrivé d'accidens, & qui ſont cependant inféćondées : on les nomme, à cauſe de cela, *Chapons*. Il en eſt de même des animaux dont les maladies principales ſont connues, mais dont les variations ſont infinies. Cela ne doit pas empêcher de chercher les moyens de prévenir celles dont on a découvert la nature & l'origine.

Sans doute il peut y avoir des accidens & des maladies qui dépendent de la qualité des ſemences: mais il ne paroît pas qu'on puiſſe attribuer une ſemblable cauſe au charbon du *Maïs*; on en eſt même ſi perſuadé, que dans les cantons où l'on a la louable habitude d'employer quelques précautions pour les ſemailles des autres grains, on n'en met aucune en uſage pour celle du *Maïs*, quoiqu'on ſache très-bien que cette maladie diminue l'accroiſſement de l'épi qu'elle rend même ſtérile.

Mais enfin, il paroît que le charbon ne produit pas un très-grand ravage dans les champs couverts de *Maïs*: car, outre que les Cultivateurs ne prennent aucune meſure pour s'en garantir, ils n'en ſont même jamais alarmés, per-

(1) Outre le charbon, on diſtingue encore dans le Rouſſillon deux autres maladies du *Maïs*; ſavoir, l'*étiolement* & le *rachitiſme*. La tige du *Maïs* étiolé eſt mince, effilée, ne fructifie point, ou produit des épis chétifs ou retraits. Celle du *Maïs* rachitique ſe noue, ſe courbe, & ne fournit point de grains. Nous ne rapporterons point le ſentiment adopté dans cette Province pour expliquer la cauſe de ces maladies ; nous ferons ſeulement remarquer que la culture du *Maïs* paroît y être bien ſoignée : c'eſt dumoins ce que nous avons été à même de juger d'après un Mémoire qui nous a été adreſſé par M. de Saint-Sauveur, dont le patriotiſme eſt bien connu, & qui ſaiſit avec paſſion tout ce qui peut intéreſſer ſa généralité, qu'il adminiſtre en pere éclairé.

ſuadés que cette maladie eſt le ſignal de l'abondance. Ils déſireroient avoir la même ſécurité par rapport aux effets des accidens dont nous avons fait mention, ou des ravages qu'ils éprouvent de la part des animaux, de ces ennemis infiniment plus redoutables, & qui menacent ſans ceſſe de partager notre ſubſiſtance journaliere.

Des Animaux qui attaquent le Maïs.

Les productions végétales ont chacune leurs ennemis particuliers, qui ſemblent leur déclarer la guerre au moment où l'on vient de les confier à la terre, lorſqu'elles ſe développent, & lorſqu'on les a récoltées. Malheureuſement il n'eſt pas toujours au pouvoir de l'homme de s'en garantir, malgré la multitude des moyens qu'on a propoſés, toujours faciles & efficaces dans les Livres, mais toujours inſuffiſans, ou impraticables dans les champs ou au grenier.

Les oiſeaux, les pigeons, &c. peuvent fondre ſur les ſemailles de *Maïs*, & leur faire un tort infini, ſi on n'a pas l'attention de les recouvrir ſuffiſamment de terre, & de leur donner une préparation qui puiſſe en éloigner ces animaux. Il eſt vrai qu'une fois le grain formé dans l'épi, le *Maïs* n'a plus rien à redouter : la nature y a mis bon ordre en le revêtiſſant de pluſieurs feuilles épaiſſes, à travers leſquelles ils ne peuvent le dévorer ; & quand ces feuilles ſont ouvertes par la maturité, le grain alors ferme & adhérant fortement dans ſon alvéole, ne ſauroit être enlevé que par des efforts dont ces animaux ne ſont pas toujours capables.

Il n'en eſt pas ainſi en Amérique : rien ne réſiſte aux perroquets ni aux ſinges. Ces derniers ſe réuniſſent en bandes, & enlevent tout ce qu'ils peuvent atteindre ; on en voit emporter quelquefois juſqu'à 4 & 5 épis à la fois. Heureuſement que dans nos climats on n'a point d'ennemis auſſi terribles à redouter.

Ce n'eſt abſolument que dans le temps que la plante ſe développe, que le *Maïs* devient quelquefois la proie d'un inſecte particulier de la claſſe des ſcarabées, & que l'on nomme en Béarnois *l'aire.* Il s'attache aux racines, & ne les quitte qu'après qu'elles ſont entierement rongées. Pendant cette opération, la plante languit & meurt. Le ſeul moyen pour s'en préſerver, c'eſt de travailler la terre auſſi-tôt avec un inſtrument de labourage que nous décrirons inceſſamment: on coupe le chemin à cet animal. Le ſol humide y eſt ordinairement plus expoſé que tout autre.

Une inculpation dont on a déjà eſſayé de juſtifier le *Maïs*, & que je ne puis me diſpenſer de rapporter ici, dans la crainte qu'un jour elle ne ſe renouvelle encore, c'eſt qu'on prétend que depuis que ſa culture eſt introduite dans l'Angoumois, on y a vu paroître un inſecte particulier qui dévore les autres grains. Mais ce reproche eſt d'autant moins fondé, que le *Maïs* eſt exempt lui-même de ce fléau, & que cet inſecte eſt inconnu en Bourgogne, en Franche-Comté, dans la Breſſe, & généralement dans tous les Pays où il y a de très-grandes cultures de *Maïs* établies depuis long-temps.

Il ſe forme quelquefois des taupinieres dans les champs de *Maïs*, & ſur-tout dans ceux dont le ſol eſt meublé: l'animal ronge la racine encore jeune, & en fait périr le pied. Il faut alors ſe ſervir des moyens uſités en pareil cas, tendre des pieges. On détruit les taupes en jetant dans leurs trous des moitiés de noix qu'on a fait bouillir dans une leſſive ordinaire, préparée avec la cendre de bois. Enfin on peut dire que le *Maïs* ſemé avec précaution, & ſoigné pendant qu'il végete, ſeroit, ſans l'attaque des bêtes fauves, plus qu'aucun autre grain, à l'abri de la rapine. Mais il y a un autre inſecte qui menace le *Maïs*: en traitant de la conſervation de ce grain, nous propoſerons les moyens de l'en mettre à l'abri.

ART. VIII.

Des Terres propres au Maïs.

TOUTES ſortes de terres, pourvu qu'elles aient du fond, & qu'elles ſoient bien travaillées, conviennent à la culture du *Maïs*. Ce grain ſe plaît mieux dans un sol léger & sablonneux que dans une terre grasse & argileuse, où il vient néanmoins assez bien (1). Les plaines situées au bord des rivieres, les terres basses qui ont été noyées pendant l'hiver, & où le froment ne sauroit réussir, y sont en général très-propres. Enfin, quelqu'aride que soit le sol du Béarn, il produit toujours, à l'aide de quelques engrais, d'amples récoltes, sur-tout s'il survient à temps des pluies douces & des chaleurs successives; ce qui rend ce grain infiniment précieux, & d'une grande utilité pour cette Province.

Des Engrais.

Souvent il ne faut qu'un peu d'attention pour fertiliser les champs les plus secs & les plus arides. Que de matieres perdues, qui, au moyen de préparations convenables, deviendroient un bon engrais! L'incinération des gazons, des plantes dures & du chaume après la moisson, est une opération très utile, quand elle s'exécute sur le terrain même, éloigné des vignes & des arbres fruitiers. Non-seulement elle fournit de la cendre dont l'effet comme engrais est connu, mais la flamme qui résulte des végétaux qu'on brûle dans les champs, léche la surface de la terre, & lui rend la propriété calcaire qu'elle avoit perdue par ses différentes combinaisons avec l'air & les autres élémens, en même-temps qu'elle détruit les mauvaises herbes, & tue les insectes, &c.

Le regne végétal n'est point, comme l'on sait, le seul qui fournisse des engrais à la terre; & si ceux du regne minéral sont plus durables, il n'y en a point de plus prompts ni de plus actifs que ceux du regne animal. Mais c'est

(1) M. Cabanis, Avocat, à qui le Public est redevable d'un excellent essai sur les principes de la Greffe, couronné par l'Académie de Bordeaux en 1764, & qui nous a procuré des Observations intéressantes sur la Châtaigne, a envoyé un Mémoire manuscrit à la Société d'Agriculture de Limoges, pour prouver que si la culture du *Maïs* convenoit peu au terrain médiocre du Limousin, il falloit l'admettre dans les terres fortes & fertiles du Vicomté de Turenne & du Comté d'Agen, dans la plaine de Brives, & dans quelques cantons aussi privilégiés où cette production, loin de nuire à la récolte suivante, ne peut que lui être avantageuse, en faisant mieux purger le terrain des mauvaises herbes par le double sarclage qu'elle exige.

toujours méchaniquement qu'ils agiſſent. La nature du ſol & des productions, le climat & les circonſtances locales doivent en déterminer l'eſpece.

Toutes les terres n'ont pas beſoin chaque année, d'engrais. Il y en a dans le Béarn, qu'on ne fume pas pour le froment, mais qu'il eſt néceſſaire de fumer pour le *Maïs*; d'autres, au contraire, où l'on eſt obligé de fumer pour l'un & l'autre grain. Il faut bien rendre à la terre ce que nous lui avons enlevé par les récoltes, & fournir à la végétation *l'humus* dont elle a beſoin pour produire tous ſes effets.

Une attention particuliere qu'il faut avoir, c'eſt d'enterrer les plantes qui ne ſauroient ſervir à la nourriture des beſtiaux, auſſi-tôt qu'elles ont porté fleurs, de ne répandre les engrais que quand on donne les premiers labours aux terres, & non au moment de les enſemencer, comme cela ſe pratique en pluſieurs cantons, où l'on a encore la mauvaiſe habitude de ſe ſervir de fumiers à moitié conſommés. Mais il eſt bon de remarquer auſſi que cet inconvénient n'en eſt pas un pour les engrais pris dans le regne animal (1).

Préparation du terrain.

Pour préparer la terre à recevoir la ſemence qu'on veut lui confier, il faut qu'elle ſoit diſpoſée par deux labours au moins; l'un, ou d'abord après la récolte, ou pendant l'hiver, ſelon la coutume du pays; l'autre n'a lieu ordinairement que vers la fin d'Avril, après quoi on herſe & on fume.

En Italie, dans les terres meubles, par exemple, on ne donne qu'un labour au moment où il s'agit d'enſemencer; & dans la partie froide & montagneuſe du Rouſſillon, ces labours ſont ſouvent répétés juſqu'à quatre fois. Mais toutes les terres ne ſe prêtent point aux mêmes méthodes de culture: il y a même

(1) Les habitans de la nouvelle Yorck font uſage d'une eſpece de hareng, qu'ils mettent dans chaque angle deſtiné à la ſemence de *Maïs*; ce qui échauffe, engraiſſe & fertiliſe ce petit coin de terre au point de lui faire produire le double. Les Anglais ont goûté cette pratique des Indiens dans leurs établiſſemens, où le poiſſon ne coûte que les frais de tranſport. Ils y emploient, avec un ſuccès admirable, les tripes & les têtes de *Merlus*. Pourquoi ſur nos côtes ne pourroit-on pas imiter une méthode auſſi avantageuſe avec les teſtacées & les cruſtacées qu'on y trouve ſi abondamment?

des pratiques adoptées dans certains cantons du Royaume, dont nous allons faire connoître les principales (1).

Pratique ufitée en Béarn.

On commence par labourer la terre en automne, comme s'il s'agiffoit d'enfemencer du froment; on la laiffe ainfi labourée jufques à la fin d'Avril ou les premiers jours de Mai; alors on la herfe pour brifer les mottes & la nettoyer. Cette opération faite, on lui donne un fecond labour avec un inftrument de fer différent du foc, en ce qu'il eft en forme de pelle. On le nomme *arrazere*. Cet inftrument eft précédé du coutre, fur-tout lorfque la terre a pris trop de confiftance; & on emploie pour cela deux attelages. Après

(1) On fe tromperoit fort, en croyant, d'après quelques Auteurs, que les Sauvages de l'Amérique n'obfervent aucun ordre ni méthode dans la culture & la récolte du *Maïs*. Pour avoir la preuve du contraire, il fuffira de parcourir les ouvrages les plus authentiques des premiers Hiftoriens Efpagnols, qui ont décrit les pratiques de ces peuples folitaires, avant qu'ils euffent de communication avec les Européens. On y verra que quoiqu'ils ne fement cette plante autour de leurs habitations, qu'autant qu'il en faut pour les befoins de la famille, ils font néanmoins à-peu-près ce qu'il faut pour obtenir de bonnes récoltes. Ce qui les occupe d'abord, c'eft de brûler les rofeaux & autres plantes, à deffein de nettoyer la terre & de la fumer avec les cendres qu'ils en retirent; ils font enfuite macérer dans l'eau pendant un jour ou deux le grain deftiné aux femailles, & ils attendent, pour le répandre, un temps doux & humide, afin que ce qui leur fert de charrue puiffe, fans effort, pénétrer plus profondement dans la terre, & que le développement de la plante s'opere d'une maniere plus prompte. Une fois ces précautions prifes, les hommes font diftribués & arrangés à la diftance d'un pied les uns des autres, tenant chacun en main un bâton pointu, avec lequel ils frappent la terre, & font, en la remuant, le plus grand trou poffible; ils y mettent, de l'autre main, quatre ou cinq grains de *Maïs*, qu'ils tirent d'un petit fac fufpendu à leur col, & ils recouvrent bien la terre avec le pied, dans la crainte que les perroquets & autres oifeaux ne viennent enlever ce dépôt; ils marchent enfuite plus avant, & continuent ainfi leurs femailles jufqu'au bout de la piece. A mefure que le *Maïs* croît, ils ont foin de le garder, en faifant le guet jufqu'à ce qu'il foit mûr. C'eft ordinairement l'occupation des enfans. Ils conftruifent à cet effet des échaffauds en bois fur les arbres, qu'ils couvrent de cannes pour garantir les gardiens du foleil & de la pluie; ils crient fans ceffe pour épouvanter les animaux & les éloigner des *Mahizates*, (c'eft ainfi qu'ils appellent les champs couverts de *Maïs*). Auffi-tôt que le grain eft mur, ils le récoltent, & le tranfportent dans leurs huttes, pour le conferver & s'en nourrir fous diverfes formes.

ce fecond labour, on s'occupe à marquer la terre, & on fe fert à cet effet d'une piece de bois longue de cinq pieds fur trois pouces & demi en quarré, dans laquelle on pratique quatre ouvertures, en commençant par les extrêmités & à égale diftance, afin d'y placer quatre pelles de bois ou de fer. On ajoute à cette piece une perche ordinaire pour l'atteler; & pour l'attelage, on a un joug long de cinq pieds. Sur la piece de bois où fe trouvent les pelles, on attache deux tenants pour le laboureur. Enfuite on marque la terre dans toute fa longueur, en rayons auffi droits qu'il eft poffible; on la remarque enfuite dans toute fa largeur, afin de former des quarrés; & c'eft dans ces quarrés qu'on jette la femence.

Pratique ufitée dans le pays des Bafques.

Dans les terrains bas & humides de cette Province, on feme le *Maïs* pendant trois années confécutives, fans les fumer. On leur donne deux labours; le premier pendant l'hiver, & le fecond à la fin d'Avril ou dans les premiers jours de Mai, après quoi on herfe & on feme. Au bout de trois années de récolte, on laiffe cette terre pendant trois autres années en pré, & ainfi fucceffivement.

Les terres hautes font enfemencées tous les ans, une année en *Maïs*, l'autre en froment. On donne un labour pour préparer la terre à recevoir le *Maïs* l'année fuivante, un deuxieme labour au printemps, un troifieme enfin au mois de Mai; on feme, on herfe & on fume: l'une & l'autre méthode font bonnes; car alterner fes champs, eft le meilleur moyen & le plus économique d'avoir des récoltes conftamment abondantes (1).

(1) Pour juger fainement les avantages fans nombre qui doivent en réfulter, confultez le *Cours complet d'Agriculture* aux mots *Alterner* & *Jacheres*. Ils renferment, comme les autres articles de cet Ouvrage intéreffant, les détails les plus inftructifs.

Pratique

Pratique uſitée dans le haut Languedoc.

L'uſage, dans cette Province, eſt de *pelleverſer* la terre, c'eſt-à-dire, de la travailler avec une pelle de fer tranchante, d'un pied de long ſur ſept pouces de large, emmanchée à un bâton d'environ trois pouces de circonférence, & de près de quatre pieds de longueur. On enfonce cette pelle dans la terre en la preſſant avec le pied; on leve cette terre en gazon & en mottes qu'on tourne, le deſſus deſſous, & qu'on briſe en frappant deſſus avec la pelle. Cette façon pénible a lieu au commencement de l'hiver. On laiſſe cette terre juſqu'au mois de Mars, afin qu'au moyen des pluies & des gelées ces gazons ſe détruiſent; alors on laboure, & on ſeme les grains par rayons, l'un après l'autre, à deux pieds ou deux pieds & demi de diſtance en tout ſens; & on recouvre à proportion au moyen d'une ſeconde charrue.

Dans les meilleures terres, on ſeme alternativement *Maïs* & froment: mais dans les terres ordinaires, on tierce, une année en *Maïs*, une année en blé, & une année en jacheres.

Pratique uſitée dans la Breſſe.

Avant de ſemer le *Maïs*, on donne à la terre deux labours, ou bien on la bêche; & vers le milieu d'Avril, un ſemeur qui ſuit la charrue jette un grain à chaque pas dans le ſillon qu'elle trace & qu'elle recomble au retour en couvrant la ſemence. Ceux qui n'ont pas de charrue, plantent au cordeau à la diſtance d'un pied, en faiſant avec le plantoir un trou, dans lequel on met un grain que l'on couvre tout de ſuite en comprimant la terre avec le pied. Lorſque le *Maïs* eſt levé, on lui donne deux façons; la premiere, quand il a quatre pouces ſur terre, en obſervant de ne pas approcher le ſarcloir trop près de la tige; la ſeconde a lieu vers la St. Jean.

Pratique uſitée dans la Bourgogne.

On donne à la terre trois coups de charrue; & on la fume au mois de Mai. On ſeme le *Maïs* à la volée, aſſez clair, & on l'enterre à la charrue tirée par des bœufs. Dès que le grain eſt ſorti, & qu'il a pouſſé trois ou quatre feuilles formant comme un entonnoir, on lui donne un premier labour, qu'on nomme *agaler*, pour briſer les mottes & unir le terrain, & un ſecond labour appelé *ſarcler*, parce qu'il détruit les mauvaiſes herbes & les pieds qui ſont trop près les uns des autres. Une fois la plante parvenue à 12 ou 15 pouces de hauteur, on donne un labour général pour butter la tige, & pour arracher les pieds encore trop rapprochés.

Réflexions ſur ces différentes pratiques.

On voit donc que la culture du *Maïs*, quoique preſque toujours pratiquée d'après les mêmes principes, ne ſe reſſemble pas dans tous les endroits, puiſque dans les uns on ſeme ce grain à la charrue comme le blé ordinaire; que dans d'autres, à meſure qu'un ſillon eſt fait, on l'y répand fort clair, & qu'on recouvre en renverſant un autre ſillon; qu'ailleurs enfin, on plante le grain : mais il paroît que par-tout on eſt perſuadé de la néceſſité d'eſpacer les pieds, & de leur donner pluſieurs façons, comme il en ſera queſtion bientôt.

S'il étoit poſſible de faire toujours autant d'ouvrage avec la bêche qu'avec la charrue, il n'y auroit pas de doute qu'on ne dût préférer cette méthode de culture à toutes les autres pratiques uſitées. Il n'y en a point, en effet, qui remue auſſi parfaitement la terre, & qui la renverſe auſſi-bien deſſus deſſous: mais elle eſt malheureuſement impraticable dans beaucoup d'endroits, à cauſe de l'étendue des terres labourables, & du nombre d'hommes qu'exigeroit leur exploitation.

Quant aux jacheres, chantées par Virgile, & trop célébrées par nos bons aïeux, elles ſont, ſuivant l'opinion de M. *Fabbroni* (1), non-ſeulement nuiſibles aux progrès de l'Agriculture, mais encore inutiles pour le but qu'on ſe propoſe. Cet Auteur, auſſi bon Phyſicien que Cultivateur éclairé, combat le ſentiment des Anciens, qui, trompés par quelques obſervations, croyoient

(1) *Réflexions ſur l'état actuel de l'Agriculture.* A Paris, chez Nyon, Libraire. Cet Ouvrage eſt rempli de vues neuves, & d'obſervations fort intéreſſantes.

que la terre étoit ſuſceptible d'épuiſement, de laſſitude & de repos; il prouve enſuite qu'on ne parvient à la rendre féconde, qu'en lui faiſant nourrir continuellement le plus grand nombre poſſible de plantes.

En faiſant l'analyſe des différentes méthodes de culture uſitées, M. l'Abbé *Rozier* ajoute des réflexions judicieuſes ſur l'abus qui réſulte de laiſſer la terre nue, & de ne pas la couvrir de végétaux. Voici comme ce Savant eſtimable s'explique dans ſon *Cours complet d'Agriculture* : « Les trop vaſtes poſſeſſions » & les petits moyens d'exploitation ont donné l'idée des jacheres; mais lorſque » je jette les yeux ſur la petite portion de terrain qui appartient à un Payſan, je » vois qu'elle ne chaume point, tandis que celle du grand propriétaire, ſon » voiſin, ne produit de récolte que tous les deux ans, quoique le ſol ſoit le même. » Le Payſan, à force de petits ſoins multipliés, ſe procure des terres nouvelles, » des engrais; & l'étendue de ſon champ n'excede pas la force de ſon travail. » Vaſtes propriétaires, cultivez comme lui, cultivez mieux; & vous trouverez » la ſolution du problême des jacheres. »

Je terminerai ces réflexions par une remarque, qui ſervira à prouver combien le travail de la bêche a d'avantages entre les mains d'un homme induſtrieux. M. *Chancey* fils, qui fait conſiſter toutes ſes jouiſſances dans l'étude des objets de la vie champêtre, vient de me mander, qu'un de ſes voiſins dans les environs de Lyon, avoit ſemé pendant vingt années de ſuite, un arpent de terre en froment, & qu'il en avoit recueilli annuellement une bonne moiſſon; que ſa ſeule attention étoit de fumer tous les ans, de bêcher tous les deux ans, & de travailler à la houe, l'année qu'il ne bêchoit point. On peut donc dans d'excellens terrains, faire produire, tous les ans, du blé, ſans être obligé d'alterner, pourvu qu'on cultive à bras, au lieu de ſe ſervir de charrue, & que l'on fume chaque année. Ces avantages, il eſt vrai, ne ſauroient toujours être à la diſpoſition des habitans de la campagne, même de ceux qui ſont les plus laborieux & les plus intelligens.

ART. IV.

Des Semailles.

Le point le plus critique, & en même-temps le plus important de l'agriculture, eſt celui des ſemailles. Elles doivent toujours ſe faire dans nos climots en Avril, ou au commencement de Mai au plutard, afin que, d'une part, le *Maïs* ne ſorte de terre que quand le danger des gelées eſt paſſé, & que de l'autre, le grain puiſſe parvenir à maturité avant la fin de Septembre; ſans quoi on court les riſques de voir ſes eſpérances détruites en une matinée, ou la récolte devancée par les froids d'automne.

Mais, en général, il eſt bon d'attendre, pour commencer les ſemailles de *Maïs*, que la terre ait acquis un certain degré de chaleur, qui puiſſe mettre à l'abri du froid une plante qui en eſt d'autant plus ſuſceptible, qu'elle eſt aqueuſe & d'un tiſſu plus mollaſſe (1).

Du choix de la Semence.

Ce choix n'eſt pour aucune production, une choſe indifférente aux récoltes. Il faut toujours varier le grain de ſemence, chaque année, d'un lieu à un autre, cependant analogue; préférer celui de la derniere moiſſon, le laiſſer adhérant à l'épi juſqu'au moment de le ſemer, afin que le germe n'éprouve point un degré de deſſication nuiſible à ſon développement; enfin éviter de prendre le grain qui ſe trouve à l'extrêmité de l'épi, parce que c'eſt toujours celui qui eſt le moins productif.

(1) Les Anciens ſe regloient ſur le cours des aſtres pour les travaux de culture, & la ſaiſon des ſemailles. Les Sauvages de l'Amérique ſeptentrionale, qui font du *Maïs* leur principale nourriture, attendent pour ſemer ce grain, que certains arbres de leurs contrées commencent à bourgeonner, ou que certains poiſſons voyageurs ſe montrent dans leurs parages.

Préparation de la Semence.

On n'en met ordinairement aucune en ufage; cependant il y a des cantons où la néceſſité de préparer la ſemence eſt démontrée, ſoit pour la préſerver de cette foule d'animaux qui fondent deſſus, & l'enlevent au moment où elle vient d'être confiée au ſillon, ſoit pour en accélérer la germination, ou pour la mettre à l'abri des maladies.

La macération de la ſemence dans l'eau, qui n'exige ni embarras, ni dépenſes, ſeroit toujours, par exemple, de la plus grande utilité. Ne dût-elle ſervir qu'à faire connoître les grains légers? on les enleveroit au moyen de l'écumoir; & ils ſerviroient avantageuſement pour l'engrais des animaux de baſſe-cour : alors il n'y auroit pas un grain de ſemé, ſur lequel on ne pût compter. Tous germeroient, & tous donneroient une belle plante. Les peuples les moins inſtruits pratiquent bien cette méthode. Ils ont obſervé que l'eau ramolliſſoit la ſemence, & la faiſoit lever plutôt. L'orgueilleuſe raiſon dédaigneroit-elle d'emprunter des hommes qu'elle nomme ſauvages, & auxquels elle n'accorde que de l'inſtinct, quelquefois ſupérieur à elle, une pratique auſſi ſimple, auſſi facile, & que l'expérience & les beſoins de la nature ont ſuggérée?

Préſervatifs des Semences.

Différens moyens ont été propoſés & employés à cet effet. Le plus vanté conſiſte à faire infuſer la ſemence de *Maïs* à froid, dans des décoctions de plantes acres & ameres, dans la ſaumure, dans l'égoût de fumier de cheval, ou de bœuf, le plus trouble poſſible (1).

(1) Dans le Rouſſillon où l'on eſt plus perſuadé qu'ailleurs, des bons effets qu'ont ces précautions dans les ſemailles, ſoit pour accélerer la germination du grain, ſoit pour le préſerver des corbeaux, des taupes, des courtillieres, qui dans une terre fumée font beaucoup de tort, on met en uſage diverſes préparations, qui, ſelon l'opinion du Pays, ont encore le pouvoir d'arrêter la propagation des maladies. La plus eſſentielle de ces prépara-

Quand ce moyen ne mettroit pas les ſemences de *Maïs* à l'abri de la rapine, ce ſeroit toujours une eſpece d'engrais appliqué immédiatement aux grains, qui pourroit augmenter la force du germe, & préſerver peut-être la plante, des accidens qui lui ſurviennent pendant qu'elle végete.

Loin donc que ce ſoin préliminaire puiſſe nuire en aucun cas aux récoltes, on devroit toujours l'employer. Il eſt ſi peu coûteux ! & les cultivateurs l'ont ſi aiſément ſous la main ! Il équivaudroit très-certainement à toutes ces recettes merveilleuſes de poudres ou de liqueurs ſoi-diſant prolifiques, vantées avec excès par leurs Auteurs, comme propres à procurer les plus riches moiſſons, & qui ſervent à prouver que l'Agriculture a auſſi ſes charlatans. Sol, engrais, préparation de ſemence, façons de culture ; voilà les maximes fondamentales du premier de tous les arts.

De l'enſemencement.

C'eſt dans l'extrémité des carrés pratiqués avec l'inſtrument *arazere*, que nous avons déjà décrit, que dans le Béarn on plante deux ou trois grains de *Maïs* en faiſant un petit trou avec un hoyau, pour atteindre l'humidité de la terre. On recouvre enſuite ces grains, d'un doigt & demi de terre environ, bien briſée, afin qu'ils ſoient à l'abri des oiſeaux. Quelques cultivateurs penſent qu'on peut planter à une plus grande profondeur ſans aucun inconvénient.

L'avidité de ceux qui veulent ſemer le *Maïs* plus ſerré, eſt toujours trompée, ſuivant ce proverbe ſi vrai pour tant de productions : *qui ſeme dru, récolte menu ; qui ſeme menu, récolte dru.*

---

tions conſiſte à tremper le grain de ſemence dans une leſſive de bois neuf, à l'étuver après cela dans de la fleur de ſoufre, ou à la faire infuſer dans une décoction de coloquinte. Mais une autre méthode que les Américains emploient pour empêcher les animaux de toucher au grain ſemé, c'eſt une décoction de racine d'hellebore blanc. Lorſqu'elle eſt froide, on y met tremper le *Maïs* pendant vingt-quatre heures, enſuite on le met en terre. Lorſque l'animal en a mangé deux ou trois grains, il eſt ivre, il tourne, il ſe débat & épouvante tous les autres. Quant au grain trempé de la ſorte ou autrement, il n'en reçoit ni dommage ni propriété nuiſible.

Préférence de planter, plutôt que de ſemer le Maïs.

La méthode de ſemer, quoique plus expéditive que celle de planter, n'eſt point auſſi ſure ; en ce que la diſtance n'eſt point bien obſervée, que l'on diſtribue plus de ſemences qu'il n'en eſt néceſſaire, & que les travaux de culture, indiſpenſables pour cette production, ne peuvent avoir lieu dans les intervalles, ni permettre aux végétaux qu'on y ſeme, de prendre toute l'extenſion néceſſaire pour donner des produits avantageux.

Mais dira-t-on, en ſemant à la volée on a la reſſource de donner aux pieds de *Maïs*, de la régularité dès le premier travail de culture, parce qu'on eſt toujours à temps d'arracher ceux qui ſont trop près, & de les replacer dans des endroits trop clairs, ou qui en ont manqué : mais il eſt prouvé que des pieds arrachés & replantés, ne prennent jamais autant de vigueur que les premiers, auxquels on n'a pas touché.

Un autre avantage de planter le *Maïs*, plutôt que de le ſemer, c'eſt, qu'en le ſemant, une partie du grain reſte à la ſuperficie du ſol, & les plantes qui en proviennent ſont bien plus expoſées à être renverſées par les coups de vents. D'ailleurs en plantant, la perpendicularité de la tige ſe trouve mieux établie ; & on ſait combien elle eſt néceſſaire à l'accroiſſement & à la fécondité des plantes droites. Tout eſt donc en faveur de la méthode de planter, préférable en tout point à celle de ſemer le *Maïs*.

ART. X.

Des labours de culture.

Rien ne contribue davantage à fortifier les tiges de *Maïs*, & à leur faire produire des épis abondans & riches en grains, que des travaux donnés à propos depuis la plantation juſqu'à la récolte : nous nommerons ces travaux *labours de culture*. Quiconque les néglige ou les épargne, ignore ſans doute le profit qu'il en peut retirer par le fourrage en verdure excellent pour les bêtes à cornes, & par la quantité des épis qu'on récolte.

Mais si l'on veut que le *Maïs* profite des travaux de culture que nous allons indiquer, il est important, nous le répétons, de les faire dans les circonstances les plus favorables, de les réitérer, au moins jusqu'à trois fois, pendant la durée de sa végétation.

1°. Pour rendre la terre moins ferme & plus propre à faciliter l'absorption des principes répandus dans l'athmosphere.

2°. Pour le débarrasser des mauvaises herbes qui dérobent la subsistance de la plante.

3°. Pour élever la terre autour de la tige, l'affermir contre les secousses du vent, & mettre les racines à l'abri d'une trop grande sécheresse.

Premier labour de culture.

Le premier labour de culture doit être donné lorsque le *Maïs* a acquis environ trois pouces de hauteur. On se sert en Béarn de *l'Arrazere*, & du joug de cinq pieds pour l'attelage. Trois ou quatre jours après, on lui donne un pareil labour du côté opposé. Ces deux labours rapprochent la terre au pied de la plante. Des hommes ou des femmes prennent des hoyaux ou des sarcloirs, pour ôter les mauvaises herbes, ayant soin de ne laisser subsister que la plus belle plante dans chaque carré, de maniere qu'elle soit toujours à deux pieds de distance des autres.

Deuxieme labour de culture.

Quand le *Maïs* a acquis environ un pied de hauteur, on donne un labour semblable au précédent. L'instrument dont les Cultivateurs Italiens se servent ordinairement pour les travaux dont il s'agit, est une espece de houe à manche long, dont le fer est en forme de triangle très-obtus, de la largeur de huit à dix pouces, est divisé en deux pointes L'ouverture de l'angle des deux extrêmités, n'a gueres que deux pouces.

En Bourgogne, & dans les pays vignobles, où la main d'œuvre n'est point chere, les travaux se donnent avec un *fessoule* ou bêche courbée. On continue

d'arracher

d'arracher les mauvaiſes herbes, ainſi que les rejetons qui partent des racines du *Maïs*, & qui ne fourniroient que de foibles épis ou peu mûrs. On doit même obſerver que ces tiges, en les laiſſant ſubſiſter, ſont auſſi préjudiciables à la quantité des grains, qu'avantageuſes aux beſtiaux qui s'en nourriſſent.

Troiſieme labour de culture.

C'eſt lorſque le grain commence à ſe former dans l'épi, qu'il faut ſe hâter de donner le troiſieme labour de culture, parce que c'eſt le moment où la plante a le plus grand beſoin de nourriture, dont elle ſeroit privée ſans cela. Alors on doit avoir ſoin de bien nettoyer le champ, de rechauffer le pied de la tige pour la ſoutenir contre les orages, ou pour conſerver ſa fraîcheur, ou enfin pour procurer aux racines la faculté de s'étendre & de reſpirer.

Ce n'eſt, à bien dire, qu'après le troiſieme & dernier labour de culture, que le *Maïs* a acquis aſſez de force pour n'avoir plus rien à craindre; & que parvenu à une certaine hauteur, il fait la loi aux mauvaiſes herbes. Il ne ſeroit pas moins utile cependant d'arracher encore, vers la fin d'Août, avec le hoyau, les herbes qui ont cru depuis le dernier travail. Cette opération rendroit la terre plus propre à la récolte du froment, l'année ſuivante: mais rarement la fait-on dans le Béarn, à cauſe des frais de main d'œuvre. Souvent on a les yeux ouverts ſur ce que coutent quelques ſoins de plus, & on les ferme ſur les avantages multipliés qui en ſont la ſuite.

ART. XI.

De la récolte.

Lorſque l'épi du *Maïs* eſt entierement formé, & qu'il a pris tout ſon accroiſſement, il faut ſonger, non-ſeulement à récolter du grain, mais encore à profiter des parties de la plante, qui peuvent ſervir à différens uſages. Entrons dans quelques détails ſur leurs fonctions dans l'économie végétale. On verra dans le cours de cet Ouvrage, le parti utile qu'on peut en tirer pour la nourriture des animaux, & pour l'engrais des terres. Si je ne propose pas toujours des choses nouvelles, je tâche au moins de rassembler, sous un point de vue, toutes les ressources que le *Maïs* peut offrir aux hommes & aux animaux (1).

Danger d'effeuiller le Maïs.

On a voulu prouver qu'en ôtant les feuilles du *Maïs*, à mesure que la plante végete, c'étoit un moyen d'augmenter la force de la tige & la grosseur des épis : mais c'en est un certain au contraire de la diminuer, d'empêcher même la formation de l'épi, ou les grains de parvenir à leur grosseur & à leur maturité ordinaire. C'est un fait, dont je me suis convaincu par l'expérience. Il est justifié par beaucoup d'observations faites sur les autres végétaux, & il suffit de réfléchir un moment, pour n'en pas douter.

(1) Nous avons déjà exposé très-brievement dans une note, la méthode que suivoient les Peuples sauvages de l'*Amérique* pour cultiver le *Maïs*, malgré leur ignorance en Agriculture. Voyons maintenant celles pratiquées par les Européens établis dans cette partie du monde. Leur maniere de planter le *Maïs* consiste à former des sillons égaux dans toute l'étendue d'un champ, à environ cinq ou six pieds de distance, à labourer en travers d'autres sillons à la même distance. La terre ainsi préparée, on met le grain destiné aux semailles macérer dans l'eau ou dans de fortes décoctions. Ce sont ordinairement les enfans, depuis six ans jusqu'à quatorze, qui, sous la direction d'une personne plus âgée, mettent le grain en terre. Ils plantent quatre ou cinq grains dans le même endroit, à l'interfection des sillons, en faisant ensorte que ces grains soient séparés, afin qu'en germant ils ne se nuisent pas réciproquement. On les recouvre de deux ou trois travers de doigt de terre, afin de les garantir de la voracité des animaux destructeurs. D'abord que la tige de *Maïs* a acquis cinq ou six pouces de hauteur, on laboure entre les pieds afin de détruire les mauvaises herbes qui pourroient nuire au *Maïs*, & on remue la terre voisine des tiges. Cette façon se donne plusieurs fois dans l'été. On jette la terre du côté des tiges, & on applatit le reste avec le hoyau. Au second labourage, on observe de la jeter du côté opposé, & on travaille l'autre côté avec le hoyau. C'est, comme l'observe très-bien *le Chevalier de Jaucourt*, cette belle méthode du labourage du *Maïs*, employée depuis long-temps par les Anglais d'Amérique, que *M. Tull* a adoptée, & qu'il a appliquée de nos jours, avec tant de succès, à la culture du blé. Quand la tige du *Maïs* a acquis de la force, les Cultivateurs la soutiennent, par la terre qu'ils amoncelent tout autour. Ils continuent de l'étayer jusqu'à la récolte. Quand la plante a fait toute sa crue, la racine pousse des rejetons qu'on arrache pour accélérer la maturité.

Usage des feuilles.

Indépendamment de l'utilité générale des feuilles communes à toutes les plantes, celles du *Maïs* en ont une particuliere, qui rend leur conservation précieuse, jusqu'à l'époque de la maturité du grain. Elles forment une espece d'entonnoir, présentant une large surface à l'athmosphere, & ramassant pendant la nuit une abondante provision de rosée: En sorte que si le matin, au lever du soleil, on entre dans un champ de *Maïs*, dont le sol soit d'une terre légere, on apperçoit le pied de chaque plante mouillé comme s'il avoit été arrosé. Enfin, les feuilles sont autant de réservoirs, dont la nature semble se servir pour conserver, rafraîchir & nourrir les végétaux.

Temps où il faut retrancher les sommités du Maïs.

Quelque temps avant la récolte du *Maïs*, on coupe la portion de la tige qui est à son extrêmité, & au-dessous du nœud de l'épi. Le moment où il est possible de faire cette opération sans danger, c'est quand les poils sont complétement sortis des étuis de l'épi, qu'ils commencent à se sécher & à noircir. Si l'on enlevoit le pannicule avant ce temps, on pourroit nuire à la fructification de l'épi, par les raisons que nous avons déduites à l'article où il a été question de quelques phénomenes de végétation du *Maïs*.

Utilité de ce retranchement.

On a prétendu qu'en coupant la tige du *Maïs* avant la récolte du grain, c'étoit le moyen d'accélérer sa maturité, en faisant tomber dessus les rayons du soleil, & le desséchant: mais il paroît qu'en examinant attentivement ce qui se passe à cette occasion, les habitans de la campagne n'ont d'autre motif que de procurer à leur bétail une nourriture qu'il aime beaucoup. Car on remarque que les pieds, auxquels ils laissent subsister la tige pour servir de soutien aux plantes qui végétent dans les intervalles, arrivent aussi promptement &

auſſi efficacement au même degré de perfection & de maturité. D'ailleurs, c'eſt encore un fait dont je me ſuis aſſuré, en retranchant de diſtance en diſtance, dans les mêmes carrés, les tiges de *Maïs*.

Mais un avantage d'opérer ce retranchement avant la récolte du grain, auquel il ne paroît pas qu'on faſſe aſſez d'attention, & qui, ſelon mes obſervations, en mérite cependant une très-ſérieuſe, c'eſt que la tige ayant également, comme les autres parties de la fructification des plantes, ſon point de maturité à ſaiſir, elle devient cotonneuſe, inſipide & dure, en continuant de reſter ſur la plante juſqu'à la récolte; au lieu que l'enlevant au moment qu'elle eſt encore muqueuſe, ſucrée & flexible, elle conſerve, étant ſéchée ainſi au ſoleil, plus de matiere extractive, & fournit un fourrage meilleur & plus nourriſſant.

Maniere de recueillir les ſommités du Maïs.

Après avoir coupé les tiges du *Maïs*, ainſi que nous l'avons dit, on les lie en faiſceaux, auxquels on réunit toutes les feuilles qui commencent à flétrir. On les laiſſe ainſi ſécher au ſoleil; puis on les met en réſerve pour le fourrage d'hiver.

Les Cultivateurs qui ſont dans l'habitude de laiſſer les ſommités du *Maïs* juſqu'au moment de la moiſſon, les coupent après que l'épi eſt arraché. Ils les enlevent le plus près poſſible avec une faucille. Ils les mettent en petites javelles, & les étendent enſuite pour les faire ſécher; & ils les rentrent dans la grange en fagots ou en bottes avec les feuilles.

Mais outre que la ſaiſon de faire la récolte du *Maïs* n'eſt pas toujours propre à la deſſication des tiges, à cauſe du temps humide & froid qui règne ſouvent, ces tiges ont, ainſi qu'il vient d'être obſervé, le déſavantage de ne plus préſenter un fourrage auſſi ſubſtantiel. Or, à moins qu'il ne faille laiſſer les tiges ſur pied, pour ſervir d'appui aux végétaux qui croiſſent avec eux, il faut toujours les retrancher avant l'entiere maturité du fruit.

Maturité du Maïs.

Elle s'annonce par la couleur, & l'écartement des tuniques ou enveloppes de l'épi. Le grain alors eſt dur, ſon écorce luiſante, & ſes feuilles jaunâtres. Au reſte, cette maturité eſt comme celle des autres productions, aſſujettie à la ſaiſon & aux climats. Le *Maïs* ſemé en Mai dans nos Provinces méridionales, eſt bon à cueillir à la fin de Septembre, & un peu plus tard dans les contrées moins chaudes. Quand les feuilles extérieures, qui couvrent l'épi, commencent à ſe ſécher, on pourroit les dévélopper pour accélérer la deſſication du grain, qui s'opere quelquefois très-lentement quand la ſaiſon commence à devenir froide. Il ſeroit même poſſible de caſſer l'épi, pour interrompre la ſolution de continuité de la tige, qui, dans l'état de végétation, entretient toujours de l'humidité dans l'épi (1).

Moiſſon du Maïs.

Quand le moment de moiſſonner le *Maïs* eſt venu, & qu'il fait ſec, les Laboureurs envoient leurs gens arracher les épis, auxquels ils laiſſent une

(1) Comme les Eſpagnols ſont les premiers Européens qui ont eu l'avantage de cultiver le *Maïs*, j'ai penſé qu'une longue expérience ayant pu les éclaircir ſur cette culture, ils avoient peut-être une méthode particuliere dont il ſeroit poſſible de profiter ſi nous la connoiſſions. Je priai en conſéquence *M. Fernandez*, qui retournoit à Madrid exercer la Chymie, de m'inſtruire à ſon arrivée, des pratiques qu'on ſuivoit à cet égard dans ſa Patrie. Il eut l'honnêteté, quelques mois après, de m'envoyer des réponſes à mes queſtions, en m'apprenant que *M. Née*, Profeſſeur de Botanique à Pampelune, qui les lui avoit adreſſées, étoit Français & bon Obſervateur. Mais il m'a paru, d'après des éclairciſſemens bien circonſtanciés, que les Eſpagnols travaillent & recueillent le *Maïs* de la même maniere que nous; que quand la plante a fleuri, ils l'étêtent au nœud de l'épi pour ménager un fourrage à leurs beſtiaux pendant l'hiver; qu'à meſure que les épis groſſiſſent, ils en ſéparent les plus petits, & les donnent aux bœufs, vaches, chevres & porcs, qui les mangent avec délces; qu'enfin, lorſque le grain approche de la maturité, ils en ôtent les feuilles, afin que les rayons du ſoleil agiſſent deſſus plus immédiatement, & accélerent la deſſication. Nous ferons encore mention du Mémoire de *M. Née*, en parlant de la diſpoſition des greniers à conſerver le *Maïs*.

partie de l'enveloppe, & qu'ils mettent en petits tas d'eſpace en eſpace, dans la crainte que le grain ne s'échauffe & ne fermente. Ils le tranſportent enſuite à la maiſon, dans des voitures garnies de groſſes toiles.

Une fois l'épi arraché, on enleve du champ tiges & racines. Lorſque l'on doit y ſemer du froment, on les laiſſe pourrir, ou on les brûle. Nous ferons voir par la ſuite le meilleur uſage qu'on peut en faire.

Double Moiſſon.

Le froment & les autres grains dont nous formons la baſe de notre nourriture, n'admettent point ordinairement parmi eux, d'autres plantes de genre différent, ou dumoins cette admiſſion n'eſt pas exempte de quelques reproches aſſez fondés. Ces grains occupent ſeuls le terrain qui les a reçus & nourris; mais le *Maïs* permet à d'autres végétaux de croître ſous ſon ombrage, & ne préjudicie nullement à leurs récoltes.

Dans les Iſles de l'Amérique, où l'on ne perd plus maintenant un pouce de terrain, on a ſoin de planter, dans les vuides que laiſſent entr'eux les pieds de *Maïs*, différentes plantes, dont la végétation ne fait aucun tort à celle de ce grain, & il paroît que nous avons imité cette pratique en Europe.

Il y a des cantons en Béarn où l'on ſeme du *Maïs* ſur des terres après qu'on y a récolté du lin. Mais aſſez ordinairement cette récolte eſt médiocre; il eſt même à craindre que les gelées d'automne ne les ſurprennent. Il y a auſſi des endroits dont le ſol eſt ſablonneux, & ſur lequel on ſeme du ſeigle en ſillons. Avant de le récolter, on ſeme du *Maïs*, dans les vuides que l'on a ménagés entre les ſillons. On peut bien par ce moyen, ſe procurer deux récoltes dans le même champ. Mais il faut convenir auſſi, comme nous l'avons déjà laiſſé entrevoir, que ſouvent les deux n'en valoient pas une, faite en bonne terre.

Dans quelques cantons de nos Provinces, on attend que le *Maïs* ait acquis huit à dix pouces de hauteur, pour planter, dans les intervalles, d'autres productions, telles que des féveroles, des haricots, des pois, qui croiſſent & mûriſſent en même-temps que le *Maïs*. On a ſoin de n'en point mettre à tous les pieds, dans la crainte qu'ils ne s'étouffent, mais ſeulement de quatre en quatre : la plupart de ces végétaux, & ſur-tout les pois filent le long des tiges, s'y attachent, & n'ont pas beſoin d'être autrement ramés (1).

(1) Déſirant de réunir dans cet Ouvrage tout ce qui pouvoit concourir à ſa plus grande utilité, je ne me ſuis pas borné à connoître les pratiques adoptées en Europe; j'ai voulu connoître encore celles des autres parties du monde, où l'on cultive le *Maïs* avec le même ſuccès. J'ai prié M. le Maréchal de Caſtries de vouloir bien me procurer, par le moyen des Conſuls du Roi, les détails relatifs à ce grain : mais les renſeignemens adreſſés au Miniſtre à ce ſujet, de la Syrie, de l'Aſie Mineure & de la Morée, ne m'ont rien appris de particulier. On ſeme également le *Maïs* dans ces contrées au mois d'Avril. On a ſoin qu'il y ait une diſtance ſuffiſante d'une ſemence à l'autre, pour pouvoir exécuter, dans les intervalles, les travaux de culture que nous avons tant recommandés. On ſeme ſur ces intervalles, des Cotons qui croiſſent avec le *Maïs*, & ne ſont mûrs que deux ou trois moi après ſa récolte. On y ſeme également des légumes, des racines & tous autres végétaux, excepté des grains : le *Maïs* une fois cueilli, eſt expoſé au ſoleil, égrené enſuite & porté au grenier, où on le remue de temps en temps juſqu'à ce qu'il ait reſſuyé.

Les détails qui ont été envoyés d'Egypte, ſont plus intéreſſans, & méritent une attention particuliere. Le *Maïs* y eſt très-abondant. On l'appelle *Doura* en Arabe. Il y en a de trois eſpeces bien diſtinctes. La premiere, eſt connue ſous le nom de *Doura Seifi*; c'eſt-à-dire, *Maïs* d'été, parce que la récolte s'en fait en Avril ou en Mai, à-peu-près dans le même temps que celle du froment. C'eſt effectivement alors le commencement de l'été pour les payſans, qui ne diviſent l'année qu'en deux ſaiſons, l'été & l'hiver. Cette eſpece ſe cultive dans la haute Egypte, ſur les terres qui ont rapporté du froment l'année précédente. La ſeconde eſpece ſe nomme *Doura Nili*, à cauſe qu'on la ſeme & qu'on la recueille pendant la croiſſance du Nil. Enfin, il y en a une troiſieme, le *Doura Chami*, ainſi nommé, parce qu'il s'en trouve en Syrie, de la même qualité appelé *Cham* en Arabe, d'où l'on croit aſſez généralement que la premiere ſemence a été apportée. La tige de ces deux dernieres eſpeces ne s'éleve pas auſſi haut que celle de la premiere, qui monte juſqu'à dix à douze pieds. On les cultive de préférence dans la baſſe-Egypte, ſur des terres ſuſceptibles d'arroſement, & qui ont déjà produit des feves, des haricots, de l'orge, des laitues, &c. Après avoir diviſé la terre par deux labours, on prépare la ſemence en la faiſant tremper dans l'eau pendant 24 heures, & en la mettant enſuite dans un panier bien couvert qu'on entoure de haillons, de filaſſe, d'étoupes ou de toutes autres choſes. On la place dans l'endroit le plus chaud pour favoriſer ſa germination. Lorſque le grain eſt parfaitement germé, on le ſeme au plantoir, en mettant dans chaque trou quatre ou cinq grains, en verſant par-deſſus environ un gobelet d'eau, & ajoutant à la terre qui les recouvre, un petit monceau de ſable que le planteur prend dans un panier, pour préſerver la ſemence de la rapine. Cela fait, on n'y touche plus juſqu'à ce que la jeune plante ait dix à douze pouces environ; alors on ſarcle pour enlever toutes les mauvaiſes herbes, pour ne laiſſer à chaque pied que deux tiges, &

En Bourgogne, où l'on est dans la mauvaise habitude de semer à la volée, c'est ordinairement dans les endroits les plus clairs, qu'on fait venir ces pro-

arracher tout ce qui a poussé de plus, pour le donner à manger aux bestiaux. On chausse le pied à la hauteur de quatre à cinq pouces, avec la terre, à laquelle on mêle, quand on peut s'en procurer, plein la main de terre nitreuse, ramassée dans les décombres des anciennes Villes, & Villages dont l'Egypte est parsemée.

Dès que le *Maïs* est parvenu à sa maturité, on coupe les épis, & on les amoncelle sur le champ même où on les a récoltés, à un pied ; & on les retourne plusieurs fois pendant 15 ou 20 jours qu'ils demeurent exposés à l'ardeur du soleil, après quoi on les transporte à la maison. Le *Maïs Chami* se conserve en épi, & ce n'est que quand on veut en faire usage, qu'on l'égrene avec la main ou avec un bâton court. Mais les épis des deux autres especes sont divisés par morceaux, & ensuite battus avec le fléau, ou foulés par des chevaux ou par des bœufs. On ne réserve en épis que le grain destiné aux semailles futures. Voici la maniere dont les Paysans de la basse Egypte s'y prennent pour le conserver. Leur chaumiere n'ayant jamais que le rez de chaussée, ils en bâtissent une autre exprès à côté dont les murs ne sont que de terre, pétrie & séchée au soleil ; on les remplit par en haut, & lorsqu'elles sont pleines, on les couvre, & on y met ensuite une couche de la même terre. Au bas d'un des côtés, on pratique une porte de deux pieds par où l'on retire la provision de chaque semaine. Dans la haute Egypte, on fait des citernes au milieu de la chaumiere ; elles servent de grenier, non-seulement pour le *Maïs*, mais encore pour le froment & les autres grains.

Les habitans des campagnes de la haute & basse Egypte trouvent dans le *Maïs* leur subsistance principale ; ils en font du pain mêlangé avec la farine de froment ou de *Fenu-grec* ; ils en préparent aussi des gâteaux ou d'autres mets de fantaisie, en rôtissant l'épi avant sa maturité, ou en ajoutant à la farine du grain mûr, du lait, du beurre ou de l'huile. Ils le donnent à leurs bestiaux de labour & à leurs chevaux, sous forme de fourrage, verd ou sec, ou bien en grain, au lieu de féverolles, qui, avec de la paille hachée, constitue leur unique nourriture pendant neuf mois de l'année. Ils en engraissent les pigeons & les volailles. Enfin les épis dépouillés de grain, servent à chauffer le four, & aux Fabriques qui ont besoin d'un feu clair.

Le *Maïs Chami*, quoique l'espece la moins productive, est cependant celle qui est la plus cultivée dans la haute & basse Egypte. Elle y multiplie même davantage que toute autre graine. Les plus petites récoltes rendent 50 pour un, & les plus abondantes 80. On le consomme sur les lieux, tandis que le froment, le riz, l'orge, sont portés annuellement dans l'Arabie Pétrée, soit par le Port de Suez, soit par celui de Kossier. Dans le Commerce on préfere le *Maïs* nouveau, il coûte toujours plus cher que celui de la récolte précédente, & il perd de son prix à mesure qu'il s'éloigne du moment où il a été cueilli. Le *Doura Chami* est plus cher que le *Seifi* & le *Nili* d'environ un quart ; il est aussi plus pesant, mais c'est ordinairement le prix du froment qui regle celui du *Maïs* ; il vaut environ deux tiers de moins. *Ces détails sont extraits d'un Mémoire fort intéressant sur la culture & les usages du* Maïs, *adressé à M. le Maréchal de Castries, par M. Mure, Consul de France, à Alexandrie.*

ductions

ductions dont on obtient une bonne récolte, ſans nuire à celle du *Maïs*. On ajoute même à quelques pieds, des Citrouilles & autres fruits de la famille des Cucurbitacées, qui fourniſſent encore à la nourriture des hommes & des animaux.

J'ai planté du *Maïs* dans de planches des pommes de terre; & les pieds en ſont devenus auſſi forts & auſſi vigoureux, que s'ils avoient été ſeuls. Ils ont rendu autant de grains, ſans diminuer la quantité des pommes de terre, auxquelles le *Maïs* ſert d'ombrage, & communique une humidité végétative.

On peut donc récolter tout-à-la-fois du *Maïs*, des pois, des feves, des haricots, des citrouilles & des pommes de terre, ſans qu'ils ſe nuiſent réciproquement, & ſans épuiſer le ſol.

Du Maïs-*Regain.*

Dans le courant de Juin, lorſque les terres ont déjà rapporté du lin ou de la navette, on leur donne un coup de charrue, & auſſi-tôt on y ſeme du *Maïs*, qu'on a eu ſoin de laiſſer macérer pendant douze heures dans l'eau. Il arrive plus tard en maturité; mais ſouvent il n'en eſt pas moins bon, ſur-tout lorſque les chaleurs ſe prolongent juſqu'au commencement d'Octobre. Cette eſpece eſt connue en Bourgogne ſous le nom de *blé de Turquie de regain*. On pourroit ſans doute accélérer encore davantage la végétation du *Maïs* en le plantant tout germé, parce qu'alors, ſi la terre n'étoit pas trop humide, on gagneroit beaucoup de temps. Je dois ajouter que c'eſt l'expérience qui m'autoriſe à parler ainſi, & que cette opération préalable, qui, dans la circonſtance où la ſaiſon ſeroit ſéche & chaude, pourroit être d'une grande utilité, deviendroit très-préjudiciable dans un cas contraire.

Du Maïs *fourrage.*

Dans le Béarn on enſemence de *Maïs*, des portions de terre bien amendées, & dont le produit eſt abſolument deſtiné au bétail. Pour cet effet, on ſeme le grain bien épais; & lorſque la plante eſt parvenue à ſa plus haute croiſſance, on la coupe chaque jour pour la donner comme fourrage aux bœufs (1).

Ce feroit le *Maïs* précoce qu'il faudroit toujours préférer pour cet objet, & le femer plutôt que de le planter, fuivant l'obfervation de *M. Cabanis.* On ne court même aucun rifque de le rapprocher, puifqu'il eft inutile de lui donner les différens labours de culture ordinaire. Quel fourrage abondant & falutaire, on obtiendroit, par ce moyen, fur les levées d'Orge, pour les momens où l'herbe commence à devenir rare & peu fubftantielle!

ART. XII.

De quelques confidérations relatives au rapport & au commerce du Maïs.

L'abondance d'une denrée devient ordinairement fuperflue, quand on n'en trouve point la confommation; mais le *Maïs*, quoique d'un rapport confidérable, ne feroit jamais à charge au pays qui le récolte, fi l'on connoiffoit bien toutes les reffources qu'il eft poffible d'en retirer. Aux environs du Rhin, par exemple, où le blé venoit difficilement, de vaftes champs font maintenant couverts de *Maïs*; & cette culture y occafionne un grand commerce, avec le bétail engraiffé par ce grain, qu'on échange contre le blé-froment, très-commun dans les contrées voifines (2).

(1) Dans la vue de profiter d'un terrain qui avoit rapporté des feves, j'y plantai à la fin de Juin, du *Maïs*. La faifon étoit alors fort chaude & humectée par une pluie douce. En trois jours la plante apparut; & du matin au foir, fa végétation fut tellement fenfible, qu'en moins de fix femaines, elle avoit acquis la plus grande hauteur. Quoiqu'elle n'eût pas reçu de pluie depuis fa plantation, la récolte auroit été abondante, & la maturité parfaite, fi les froids furvenus de bonne heure en automne, ne l'euffent arrêtée fur pied.

(2) Les campagnes de Chancay au Pérou font fertiles & arrofées des eaux de la riviere de Paffamayo, que l'on diftribue par le moyen de canaux. Le terroir produit force *Maïs*, dont on engraiffe dans les champs, de grands troupeaux de cochons que les habitans vont vendre à Lima. Le profit qu'ils font de ce commerce, eft caufe qu'ils ne fement prefque que du *Maïs*. *Voyage Hiftorique de l'Amérique Méridionale de Dom George de Jacon, & de Dom Antonio de Ulloa, &c., traduit en Français, Amfterdam* 1752, 2 *volumes* in-4°., *tom.* 1, *pag.* 421.

On a dit, & on me permettra de le répéter ici, qu'il n'y a point de plus grand inconvénient, pour quelque pays que ce soit, que de ne point récolter dans son territoire les choses de premier besoin, parce que, dans ce cas, on court les risques de n'avoir que des denrées de médiocre qualité, ou de ne les recevoir que long-temps après leur récolte. Nous avons quelques endroits dans nos Provinces Méridionales, où l'expérience fait sentir souvent cette vérité, & où le *Maïs*, qui pourroit y réussir, rendroit certainement la nourriture des habitans moins précaire, & empêcheroit qu'ils ne payassent annuellement à l'Etranger un gros tribut pour les subsistances qu'ils en retirent.

La récolte du *Maïs* est sans doute assez constamment bonne, mais elle est sujette, comme celle des autres grains, à des variations. Il y a donc des années d'abondance, des années médiocres, mais rarement des années de disette, parce que ce végétal ne demeure sur pied, que pendant la plus belle saison; qu'il ne se plante qu'après les gelées; que son fruit, toujours enveloppé de feuilles ou écailles appliquées immédiatement les unes sur les autres, est garanti de l'action de l'air, de l'humidité, de l'ardeur du soleil, & de la voracité des animaux destructeurs: en sorte qu'il croît & mûrit sans presque aucun danger, & qu'il est moins exposé que les autres, à une perte totale.

Fécondité du Maïs.

La fécondité du *Maïs* ne sauroit être comparée à celle des autres grains, pourvu toutefois que la plante ait été sarclée à différentes reprises, & parfaitement butée. Citons-en quelques exemples, pris au hasard dans la multitude.

Suivant le rapport de M. l'Abbé *Prevost*, le *Maïs* produit tous les ans, deux moissons en Affrique; & les tiges de cette plante, quoique minces, portent jusqu'à sept à huit épis, qui souvent renferment chacun cinq cents cinquante grains.

Plusieurs Historiens de l'Amérique présentent le *Maïs* comme le grain le plus productif. *Fernandez d'Oviedo* prétend qu'il rapporte cent pour un, & *François Lopez de Gomera*, que, dans quelques contrées, le rapport ordinaire eſt encore plus conſidérable. *Joſeph Dacoſta* a compté, ſur quelques épis, juſqu'à ſept cents grains, & le Pere Labat (1) dit qu'on peut faire trois moiſſons dans la même terre, en treize ou quatorze mois. Enfin, le Pere *Joſeph Gumilla* aſſure avoir vu une eſpece de *Maïs* tellement précoce, qu'elle produiſoit ſix récoltes abondantes, dans le cours d'une année.

Il y a tout lieu de croire que l'enthouſiaſme n'a rien ajouté à ces exemples de la fécondité du *Maïs* : car il eſt certain qu'il n'y a point de plante, qui fourniſſe autant de grains, ni de grains qui fourniſſent plus de farine. J'ai vû ſouvent ſur une ſeule tige, quatre épis, & ſur quelques-uns de ces épis, juſqu'à quinze rangées, contenant chacune trente à quarante grains. Il eſt donc très-poſſible que dans des climats plus chauds, où la ſaiſon eſt preſque toujours uniforme, cette fécondité ſoit telle que les Voyageurs l'ont rapportée.

Le *Maïs* a procuré dans nos Provinces où on le cultive, une abondance qu'on n'y connoiſſoit pas, lorſque l'on n'y ſemoit que du froment & du millet. M. *de Marca*, qui a écrit l'Hiſtoire du Béarn vers la fin du quinzieme ſiecle, l'avoit annoncé, en s'exprimant ainſi :

La faim —— ſera aux abois,
Quand les campagnes ſeront en bois.

L'événement a juſtifié ſa prédiction. Car depuis qu'on y a adopté la culture du Maïs, la population du Béarn a conſidérablement augmenté ; & c'eſt à l'abondance qui regne depuis cette époque, & à la nourriture ſalutaire qu'on retire de ce grain, qu'il faut l'attribuer.

Rapport ordinaire du Maïs.

Pour établir le rapport ordinaire du *Maïs* comparé à celui des autres grains, je ne m'aviſerai point d'invoquer aucun de ces prodiges de fécondité dont il vient d'être fait mention, parce qu'il n'y a gueres de plantes qui n'en offrent également des exemples, & que ſouvent l'enthouſiaſme qu'ils excitent, diſparoît

(1) Nouveau voyage aux Iſles de l'Amérique. Paris, 1722, in-12, tome 2, page 328 & ſuiv.

bientôt dès qu'on fait la plus légere attention aux soins particuliers qu'on a pris, à l'étendue du terrain employé, & aux autres frais qu'il a dû en coûter pour les opérer.

Qui ne sait point qu'un des Intendans d'Auguste envoya en présent à *Pline* le Naturaliste, un pied de froment qui contenoit quatre cents tiges, toutes provenues d'un seul & même grain? & les papiers publics n'ont-ils pas fait mention tout récemment que *Bragden de Brouley* avoit mis en terre dans un endroit de son jardin, bien préparé, un seul grain d'Orge qui y poussa une touffe de tiges, lesquelles séparées & replantées à diverses reprises, avoient produit au bout de dix-huit mois, au-delà de dix-huit mille épis?

A ces Merveilles de la nature dans la réproduction des végétaux, joignons-en une autre qui nous a été communiquée par M. le Baron *de Saint - Hilaire*; une seule pomme de terre, isolée, lui en a donné jusqu'à 900 de toutes grosseurs. Mais encore une fois, ce sont de ces faits rares & extraordinaires, où la nature en signalant son excessive libéralité, semble vouloir nous encourager à mériter ses bienfaits par nos soins & nos travaux assidus (1).

Le produit ordinaire du *Maïs* en Europe, est de deux épis dans les bons terrains, & d'un seul dans ceux qui sont médiocres, ou quand chaque pied

(1) Pour prouver que le *Maïs* est aussi économique qu'il est salubre, *M. de la Coudreniere* assure dans ses Observations sur ce grain, que dans les Pays chauds, une lieue quarrée mise en *Maïs*, nourrit trois fois plus d'hommes, que si elle étoit semée en froment. Il ajoute qu'il y en a sur-tout une espece cultivée en Guinée, dont chaque pied rapporte communément 10 à 12 gros épis de 15 à 18 pouces de long, contenant chacun environ mille grains de la grosseur d'un haricot. Si l'Auteur ne citoit ce fait que comme un phénomene de végétation, on pourroit y ajouter foi; mais il est bien difficile de croire, malgré les faveurs de Ciel dans ces contrées, que ce soit là le rapport ordinaire de ce grain. Car il n'en est pas du *Maïs* comme du froment. Un grain de ce dernier produit jusqu'à 14, 15, 18 tiges, & quelquefois les dernieres qui poussent, sont les meilleures. Le *Maïs* au contraire ne donne qu'une seule tige, qui jette souvent 2 & 5 rejettons, toujours fresles, & ne portant que des épis médiocres qui arrivent rarement à leur maturité. Aussi est-il nécessaire de les arracher de bonne heure, afin de concourir à la vigueur de la tige principale. Au reste, nous désirons bien sincerement que M. *de la Coudreniere* ait été témoin du fait qu'il cite, ou que ceux dont il le tient, ne l'aient pas induit en erreur. L'homme qui veut être utile à la Société, ne doit en croire que ses propres lumieres, & il faut quelquefois savoir douter.

n'eſt pas eſpacé ou travaillé ſuffiſamment. Pour enſemencer un arpent, il ne faut que la huitieme partie de la ſemence néceſſaire pour le ſemer en froment; & un arpent rapporte plus que le double de ce grain. M. *Le Payen* dit dans un excellent Mémoire que l'Académie de Metz a fait publier ſur le *Maïs*, que la premiere fois qu'il planta ce grain, il en obtint ſur le pied de 23 quartes par journal, dans un terrain qui donne au plus le tiers de ce produit en froment. M. le Comte Charles-Frederic *Wied Neuwied*, qui prend en général un intérêt particulier à tout ce qui peut ſoulager la claſſe la plus malheureuſe, m'a écrit que le *Maïs* étoit infiniment plus productif en Allemagne, que le froment & le ſeigle, qu'il en avoit retiré, d'un arpent, huit *mattes*, meſure peſant environ 300 livres.

Un arpent de terre eſtimé en Béarn, de 36 & 40 mille pieds carrés ſelon les cantons, n'a beſoin pour être enſemencé que d'un quart de meſure; & de ce quart, on en retire encore la moitié en ſarclant. Le produit commun eſt de 20 Conques (1) à l'arpent. Il y a des terrains qui en rendent 50 à 60.

Ce rapport eſt ſi bien connu des Bourguignons, que beaucoup de riches propriétaires, perſuadés que cette plante effrite le ſol, ſtipulent dans leurs baux, que les fermiers ſeront tenus de ne mettre qu'un ſixieme de leurs terres en *Maïs*. Ne vaudroit-il pas mieux qu'ils exigeaſſent d'eux d'alterner leur culture? Ce ſeroit un moyen aſſuré de conſerver au ſol ſes qualités naturelles, de les augmenter même ſans nuire aux reſſources du canton.

Un des avantages conſidérables du *Maïs*, c'eſt que les grains ſont très-adhérans à l'épi, & qu'on ne court aucun riſque d'en perdre un ſeul pendant la moiſſon. On a en Amérique une année de diſette, lorſque le *Maïs* ne rend pas deux cents fois la ſemence; & l'expérience y fait voir que deux boiſſeaux du pays produiſent la ſubſiſtance d'une famille nombreuſe, pendant toute une année.

En Italie, ſi la ſaiſon a été favorable au *Maïs*, la récolte eſt de trois ſé-

(1) Meſure de grain, dont on ſe ſert à Bayonne. Elle peſe en froment 68 à 70, en ſeigle 65 à 66, & en *Maïs* 63 à 64.

tiers au moins par arpent, ſans compter les haricots qu'on ſeme preſque toujours dans les eſpaces vuides, laiſſés entre chaque pied ; ainſi ces eſpaces étant labourés à deſſein de détruire les mauvaiſes herbes & de fortifier la tige, ne ſont nullement perdus, & doivent encore ajouter au produit du *Maïs*, & procurer, comme nous l'avons dit, une double récolte.

Prix du Maïs.

Le prix du *Maïs* varie beaucoup plus que celui de toute autre eſpece de grain. Le peuple qui en fait le plus grand cas dans la Province de Guienne, l'achette ſouvent plus cher que le ſeigle ; & le préfere même à ce dernier quand la récolte n'a pas été abondante, ou que l'Eſpagne & le Portugal en tirent une plus grande quantité ; Mais lorſque l'exportation eſt défendue, le prix du *Maïs* baiſſe prodigieuſement ; & de 12 livres le boiſſeau meſure du pays, il tombe quelquefois à 5 livres, & même à 4 livres 10 ſols.

Quand le *Maïs* nouveau eſt mûr & bien ſec, il va de pair avec celui de l'année précédente : mais comme il n'acquiert réellement cette qualité, principalement dans les contrées moins méridionales, qu'après avoir reſſuyé & paſſé l'hiver au grenier, l'ancien alors eſt préféré au nouveau, il vaut même 5 à 6 ſols de plus par meſure.

Les fermiers dans le haut Languedoc, qui ſpéculent ſur le prix des fermes, comptent le *Maïs* au prix de 6 livres le ſétier, année commune, & le blé 9 à 10 livres. La meſure du *Maïs* eſt cependant plus forte que celle du blé, dans la proportion de 5 à 4. Il arrive quelquefois, mais c'eſt fort rare, que la récolte du *Maïs* ayant manqué, ſon prix égale celui du blé.

Le prix du *Maïs* en Béarn, varie depuis 2 liv. 10 ſ. juſqu'à 5 liv. la Conque. Il eſt réputé moitié de celui de froment, par la raiſon que les terres enſemencées de ce grain en produiſent ordinairement plus que du double. Ce prix d'ailleurs dépend du plus ou moins d'abondance & d'exportation. Jamais le ſuperflu du *Maïs* n'eſt à charge à cette Province ; il s'en fait un commerce conſidérable pour le Portugal & l'Eſpagne ; il y a même des années, où les

Bayonnois sont dans le cas d'alimenter pendant six mois, les habitans de la Galice.

En Bourgogne, où l'on seme & récolte beaucoup de *Maïs*, une mesure qui pese 50 livres, se vend communément depuis 30 sols jusqu'à 3 liv.; en sorte que le prix moyen est de 45 sols. On l'a vendu 4 liv. en 1783, & pendant les années malheureuses de 1771 & 1772, il a valu jusqu'à 7 liv. la mesure: ce sont de ces cas extraordinaires, qu'il faut espérer ne voir jamais reparoître.

Mais si le prix du *Maïs* participe dans beaucoup d'endroits, de celui des autres grains, il dépend encore de la consommation particuliere qu'on en fait. En Alsace, la mesure, qui est composée de six boisseaux, pesant chacun à peu-près 30 livres, se vend jusqu'à 8 liv., & à Neuwied, le long du Rhin, il vaut presque le prix du seigle (1).

Le *Maïs* qui a passé au four, se vend ordinairement un cinquieme plus cher que celui qui n'a pas été séché, parce que la farine qu'il donne, fournit des *Gaudes* plus abondantes, & de meilleure qualité. Quant à la farine de *Maïs*, elle peut valoir 7 à 8 sols de plus par mesure, à cause des frais de mouture & de la séparation du son, dont la quantité est toujours relative à la mouture, & non à ce qu'en contient réellement le grain.

(1) Le *Maïs*, qui porte au Sénégal le nom de Millet, se vend en épi ou en grain. Un barril de grain s'achete depuis 4 liv. jusqu'à 8, en marchandises d'Europe. On en fait un assez grand commerce le long du Sénégal; mais l'Abbé *Prévost* ne nous apprend pas ce que pese la mesure dont il parle. Son prix, dans l'intérieur de la Natolie, est de 35 à 40 parats le quilot de Constantinople, dont 4 & demi font la charge de Marseille. Quarante parats font une piastre; & une piastre & un quart font l'écu de France.

CHAPITRE II.

CHAPITRE II.

Des différentes méthodes de conserver le Maïs.

LES Pays feroient moins affligés de la difette, fi, dans les temps d'abondance, on fongeoit toujours aux moyens de mettre en réferve le fuperflu des bonnes années, pour fubvenir aux befoins preffans que les mauvaifes occafionnent. Ce font vraifemblablement ces vues de fageffe & de prévoyance, qui ont déterminé la queftion traitée dans cet Ouvrage : pourquoi ne feroient-elles pas fecondées ? Les peuples les moins civilifés de l'Amérique ne dédaignent point d'employer quelques précautions pour les circonftances néceffiteufes (1).

On ne feroit pas fondé à dire du *Maïs*, ce qu'on a quelquefois hafardé des autres productions ; que la nature, en nous accordant ce bienfait, paroiffoit y avoir attaché un trop haut prix, en multipliant les obftacles qui rendent fa confervation embarraffante & peu fure : car rien n'eft plus aifé que de jouir long-temps des avantages de ce grain, & on y parvient à la faveur de moyens fimples & de facile exécution. Mais avant de les indiquer, il eft important de faire attention aux circonftances qui ont précédé & fuivi fa récolte : car c'eft l'état où il fe trouve après qu'il a été tranfporté des champs à la grange, qui doit régler les efpeces de foins qu'il eft néceffaire de mettre en ufage, felon les climats où il croît, & les emplois auxquels on le deftine.

Les Auteurs qui ont voulu limiter le terme de la confervation du *Maïs*, confidéré dans fes différens états, ne fe font appuyés que fur des ouï-dire, comme cela arrive ordinairement, pour établir leur opinion.

Pour mieux développer les moyens capables de prolonger la durée du *Maïs*,

(1) Il arrive quelquefois des inondations au Pérou, & alors les Indiens croient que le monde va finir, mais qu'avant cela il ne tombera pas de pluie pendant plufieurs années ; ce qui étoit caufe que tous les Seigneurs avoient des magafins où ils faifoient de grands amas de *Maïs*, pour s'en fervir dans les temps de cette fécherefle. *L'Hiftoire de la découverte & de la conquête du Pérou, par Auguftin de Zarate.*

ſoit en épi, ſoit en grain, ſoit en farine, j'ai cru qu'il étoit indiſpenſable de connoître quelles en ſont les parties conſtituantes, perſuadé que non-ſeulement cette connoiſſance ſerviroit à répandre de plus en plus du jour ſur l'art de le conſerver, de le moudre & de le réduire à l'état alimentaire, mais qu'elle aideroit encore à reculer les bornes des reſſources qu'il eſt poſſible de trouver dans ce végétal intéreſſant.

ARTICLE PREMIER.

Analyſe du Maïs.

[Il ne s'agit pas ici des circonſtances qui font varier la couleur du *Maïs*; celle que ce grain a le plus ordinairement, eſt jaune, & c'eſt de ce *Maïs* qu'il ſera principalement queſtion dans les expériences dont je vais rendre compte.

Je ſupprime, au reſte, le récit des expériences que j'ai faites avec les différens Agens chymiques, à l'action deſquels a été ſoumis le grain que j'examine, pour n'expoſer que les phénomenes propres à indiquer plus ſimplement l'état phyſique & les propriétés économiques du *Maïs*, mon intention étant moins de parler à des Chymiſtes, qu'à ceux des habitans de la Guienne, que leur poſition & leurs lumieres mettent dans le cas de recueillir quelques fruits de mes recherches.]

En examinant avec attention un grain de *Maïs*, on voit qu'il eſt composé d'une écorce liſſe & fine, qui ſemble ſe confondre avec la ſubſtance qu'elle recouvre, enſuite d'une matiere dure & cornée, au centre de laquelle ſe trouve comme en dépôt, une poudre blanche & farineuſe. Vu au microſcope, ce grain, coupé tranſverſalement, ne préſente au contraire qu'une ſubſtance tranſparente, tout-à-fait homogene; mais cette homogénéité n'eſt qu'apparente, comme nous le démontrera l'Analyſe.

[Dans la vue de connoître la nature de la couleur qui revêt le *Maïs* à ſa ſurface, j'ai fait bouillir dans l'eau toutes les variétés de ce grain; & la décoction ne s'eſt chargée d'aucune de leurs nuances particulieres.

L'eſprit de vin digéré ſur du *Maïs* jaune, ſur du *Maïs* blanc, & ſur du

Maïs rouge, n'a pris au bout d'un très-long temps, qu'une légere couleur jaunâtre.

Au lieu d'employer ces grains en entier, je les ai concassés & traités avec l'eau, & ensuite avec l'esprit de vin. Ces deux dissolvans n'en ont extrait qu'une couleur jaunâtre.]

Pour pénétrer dans la texture du *Maïs*, sans opérer de décomposition, j'ai évité de faire bouillir de nouveau ce grain entier dans l'eau, parce qu'il est impossible d'obtenir par cette voie, la totalité de matiere muqueuse & extractive que contient une semence quelconque, végétale ou animale; que d'ailleurs cet extrait ne peut jamais servir à indiquer par sa nature & par sa qualité, le degré alimentaire du grain dont il est séparé. J'ai donc eu soin d'employer le *Maïs* concassé ou en poudre fine, dépouillé autant que sa nature le permet, du son que les meules y ont plus ou moins répandu. J'ai fait choix des véhicules qui devoient me servir d'agent, sans avoir recours au feu, qui dans ce cas combine & réunit les principes, ou les altere.

Ayant réduit en poudre grossiere deux livres de *Maïs*, j'en ai délayé la moitié dans l'eau froide. Huit heures après, j'ai passé la liqueur avec expression, par un linge fort serré; ce que j'ai répété jusqu'à ce que l'eau cessât d'être laiteuse. J'ai rassemblé toutes les liqueurs dans un vase long & étroit, il s'est déposé insensiblement une matiere blanchâtre qui, lavée & séchée à une douce chaleur, a présenté tous les caracteres d'un véritable amidon.

Les différentes liqueurs décantées de dessus le précipité, & distribuées sur plusieurs assiettes, ayant été évaporées sur un four de Boulanger, dont la température étoit de 40 à 50 degrés, & évaporées jusqu'en consistance solide, il en est résulté un extrait muqueux, un peu sucré, qui attiroit puissamment l'humidité de l'air.

Le marc restant sur le linge, étant plus jaune qu'auparavant, & ne paroissant plus fournir rien d'extractif, je fis alors chauffer l'eau; il en résulta bientôt un liquide épais, louche & muqueux, qui, rapproché par l'ébullition, offrit une matiere pultacée, une bouillie, en un mot, où tout se trouvoit combiné & dissout en partie.

Je changeai de menſtrue, pour examiner l'autre moitié de *Maïs* concaſſé; je le mis à digérer dans l'eſprit de vin, qui acquît bientôt une belle couleur jaune. Je l'ai décanté, & j'ai verſé une nouvelle quantité d'eſprit de vin, qui a pris auſſi une légere teinte. Les deux liqueurs colorées ayant été ſoumiſes enſemble à l'évaporation dans une capſule de verre, j'ai obtenu une petite portion de liqueur, aſſez ſyrupeuſe pour faire juger qu'elle contenoit une matiere ſucrée. En la goûtant, j'en ai acquis la preuve.

Dès que l'eſprit de vin a ceſſé d'enlever quelques principes au *Maïs* concaſſé, je l'ai fait ſécher, & enſuite délayer dans l'eau. Il en eſt réſulté par la cuiſſon, une bouillie, moins colorée & moins ſyrupeuſe que celle préparée avec le marc traité par l'eau à différentes repriſes.

Diſpoſé, comme je l'étois, à ſoumettre le *Maïs* à toutes les opérations de la Boulangerie, j'ai voulu m'aſſurer d'abord de ſon analogie avec le froment; & ſi, comme ce grain, il contenoit la ſubſtance glutineuſe qu'y a découvert *Beccari;* ſubſtance qui joue le plus grand rôle dans la fabrication du pain, & à l'excellence duquel elle concourt, bien plus qu'à ſes propriétés alimentaires. Je remets à parler de mes recherches à ce ſujet, lorſque je traiterai de la farine du *Maïs.*

Je ne parle point des réſultats que j'ai obtenus du *Maïs*, en le diſtillant à la cornue, puiſque ces réſultats ne ſont que les produits confondus enſemble, de la décompoſition des trois ſubſtances que nous avons retirées du grain. On ſait que l'analyſe à feu nud eſt le moyen le plus infidelle pour déterminer la nature des ſubſtances qui y ſont ſoumiſes.

J'ai penſé qu'il étoit également inutile de déterminer les proportions où ſe trouvent les parties conſtituantes du *Maïs*, parce que ce grain, comme toutes les productions de la nature, varie à raiſon du ſol, de l'année, du climat & des aſpects. Mais une obſervation aſſez conſtante, c'eſt que le ſucre & l'amidon y ſont d'autant plus abondamment, que la ſaiſon a été plus favorable au *Maïs*. Auſſi alors il eſt plus ſuſceptible de conſervation, & poſſede à un plus haut degré cette ſaveur amandée qui lui donne un attrait ſi puiſſant pour tous les animaux (1).

(1) [Il a déjà été queſtion, dans une de nos remarques, du penchant irréſiſtible des Singes pour le *Maïs* ; on me pardonnera peut-être d'en citer ici un exemple, tiré du Pere *Joſeph Gumilla*, qui a paſſé pluſieurs années dans le pays qu'arroſe l'Orenoque, & dont l'ouvrage eſt rempli de recherches curieuſes, préſentées avec ordre dans un jour agréable. Les Indiens qui vivoient dans les bois avant l'invaſion des Eſpagnols, ne ſemoient de *Maïs* qu'autant qu'il en falloit à leurs beſoins, ſans craindre que la moiſſon manquât, pourvu néanmoins qu'ils euſſent ſoin d'éloigner les Perroquets, & particulierement les Singes. On ne ſauroit croire le dommage que ces animaux leur cauſent, ainſi que la malice avec laquelle ils exercent leur rapine. S'ils s'apperçoivent du haut des arbres où ils ſont, qu'on faſſe ſentinelle, pas un ne s'aviſe de deſcendre dans les ſemailles ; ils s'approchent doucement, & s'en retournent avec tant de ſilence, qu'à moins de les voir, il eſt impoſſible de les découvrir, d'autant mieux qu'ils font ailleurs un vacarme horrible ; mais pas un ne ſouffle lorſqu'il eſt queſtion de voler. Ils viennent reconnoître, à différentes repriſes, ſi l'on garde le *Maïs* ; & dès qu'ils ſont sûrs qu'il n'y a perſonne, il en reſte un ſur la cime de l'arbre pour appercevoir s'il ne vient point d'Indiens : tous les autres deſcendent, & chacun emporte cinq épis, un dans la bouche, deux ſous les bras, & un à chaque main, & en ſe dreſſant ſur leurs pieds, ils s'enfuient comme un éclair, & courent ſe cacher dans le bois. Si dans le temps qu'ils dérobent les épis, l'Indien ſort de ſa cabane, ou paroît dans le champ, le ſinge qui fait le guet ſur l'arbre, ſe met à crier, & tous les autres s'enfuient avec ce qu'ils ont pu prendre. Un grand nombre de ceux qui étoient chargés de leurs épis, reſtent encore, parce qu'ils ſont ſi obſtinés à ne point lâcher leur proie, qu'ils ſe laiſſent tuer plutôt que de s'en deſſaiſir. Les Indiens les pourſuivent : les ſinges qui n'emportent qu'un ou deux épis, ayant les pieds & les mains libres, grimpent ſur les arbres & ſe ſauvent, au lieu que ceux qui ſont bien chargés, ne pouvant s'échapper qu'en ſautant les deux pieds joints, périſſent tous ſous le bâton, les Indiens courant plus vîte qu'eux ; & comme ceux-ci en ſont fort friands, ils ſe dédommagent, en les mangeant, du tort qu'ils font à leurs moiſſons. Les Eſpagnols employés aux mines d'or, aſſurent que les Negres ne ſe nourriſſent que de ſinges, & que pour les prendre, ils ne font autre choſe que de mettre pendant la nuit à l'entrée du bois, dans une bouteille, une poignée de *Maïs* rôti. A la pointe du jour, les ſinges apperçoivent ces bouteilles ; & comme ils ſont extrêmement curieux & gourmands, ils deſcendent pour voir ce qu'elles contiennent, mettent leurs bras dedans, & ſentant le *Maïs*, ils s'en rempliſſent la main ; au moyen de quoi ils ne peuvent plus la retirer, parce que le cou de la bouteille eſt fort étroit. Il arrive la même choſe à tous les autres. Tous s'efforcent de retirer leurs mains, mais pas un ne peut en venir à bout, ni ne veut lâcher le *Maïs* ; de ſorte que ſe voyant pris, ils ſe mettent à jeter des cris lamentables, & font un tintamare affreux. Ceux qui les épient, connoiſſant par le bruit qu'ils ont donné dans le piege, en inſtruiſent les Negres, qui accourent avec des bâtons. Les ſinges les voyant, crient encore davantage, ſans lâcher pour cela le *Maïs* qu'ils tiennent ; & comme la peſanteur de la bouteille ne leur permet ni de monter ſur les arbres, ni de s'enfuir, les Negres les aſſomment à coups de bâton, & les emportent chez eux pour s'en nourrir.]

Cette analyſe par la voie humide, ne pouvant opérer aucun dérangement ſenſible dans la compoſition du *Maïs*, je ſuis autoriſé à conclure que ce grain contient, comme la plupart des farineux, indépendamment de l'écorce & du germe, trois ſubſtances eſſentielles & bien diſtinctes, ayant des caracteres particuliers, ſavoir, 1°. de l'amidon; 2°. une matiere muqueuſe ou gommeuſe; 3°. une ſubſtance extractive, ſucrée.

On ne ſauroit ſoupçonner que l'amidon ſoit plus un produit de l'art, que le ſucre: on l'apperçoit à la ſimple vue ſous une forme pulvérulente. On peut le retirer ſans briſer le tiſſu qui lui ſert de réſeau. C'eſt la végétation qui le forme, comme elle forme les ſels eſſentiels, les ſels neutres, les huiles, les baumes & les réſines, les gommes & les mucilages; & peut-être, ſi nous nous appliquions à étudier avec plus de ſoin les principes qui conſtituent les ſubſtances végétales, nous y trouverions l'origine d'une bonne partie des corps que l'on prétend appartenir excluſivement au regne minéral ou animal. Mais il eſt temps de quitter la décompoſition du *Maïs*, pour examiner ſi les produits qu'elle a fournis, pourroient ſéparément ſervir à quelques uſages économiques.

ART. II.

Examen des produits de l'analyſe du Maïs.

[CET examen s'étendra même aux tiges & aux épis encore verds de *Maïs*, parce que, poſſédant des parties conſtituantes, à peu-près ſemblables à celles que ce grain renferme, il ſeroit poſſible que, s'y trouvant en plus grande abondance, & plus à nud, elles puſſent ſervir à quelques uſages économiques. Voilà dumoins ce qu'on a prétendu: voyons ſi ces prétentions ſont fondées.

Du Sucre.

Nous avons annoncé, d'après l'analyſe, que le *Maïs* contenoit, entr'autres choſes, du ſucre: mais il y en a ſi peu dans le grain, & le procédé pour l'en extraire eſt ſi diſpendieux, qu'il ſeroit ridicule d'indiquer ce produit de l'analyſe comme pouvant devenir une reſſource en ce genre, puiſqu'alors il faudroit renoncer à une autre plus eſſentielle, ſans doute, celle de nourrir.

Il n'en eſt pas ainſi de la tige du *Maïs*, où la matiere ſucrée ſemble tellement développée, qu'on croiroit, en la mâchant, avoir dans la bouche un morceau de régliſſe verd. Auſſi quelques Auteurs n'ont-ils point fait de difficulté de la comparer à la canne à ſucre, *arundo ſaccharifera*. Si on les en croit, il ne s'agit même que d'appliquer le travail de la rafinerie pour le faire cryſtalliſer; mais il s'en faut que la comparaiſon puiſſe ſe ſoutenir, comme l'expérience va le démontrer.

J'ai pris des tiges de *Maïs* dans tous les âges, depuis le moment où elles commencent à acquérir une ſorte de conſiſtance, juſqu'à celui où, devenues dures & ligneuſes, elles conſervent à peine la ſaveur ſucrée, qu'elles poſſedent ſi éminemment à l'époque du premier développement de la plante.

Quarante-huit livres de tiges de *Maïs*, cueillies au moment où elles ſont le plus ſavoureuſes, c'eſt-à-dire, lorſque le panicule eſt prêt à ſortir du fourreau, ont été diviſées & pilées dans un mortier de marbre, & miſes dans un ſac à la preſſe. Il en eſt ſorti une liqueur trouble, épaiſſe & verdâtre. Le marc reſtant ayant été pilé de nouveau dans un mortier, avec de l'eau, j'en ai extrait, en le ſoumettant également à la preſſe, tout ce qu'il pouvoit contenir de ſoluble.

Les deux liqueurs exprimées ayant dépoſé une matiere féculente, ont été décantées & verſées ſur un filtre: la liqueur paſſée étoit claire & colorée comme le ſuc de bourrache. Nous aurons occaſion de parler inceſſamment du ſédiment dépoſé au fond du vaſe, & de celui reſté ſur le filtre; ne nous occupons dans ce moment, que de la matiere tenue en diſſolution dans le liquide exprimé.

J'ai diſtribué ſur pluſieurs aſſiettes le ſuc exprimé & filtré des tiges de *Maïs*, que j'ai expoſé à la chaleur du bain-marie juſqu'à conſiſtance de ſirop. Le premier phénomene que j'ai apperçu pendant l'évaporation, c'eſt que la ſaveur ſucrée n'augmentoit point à raiſon du rapprochement de la liqueur, & que de vingt livres de ſuc, que m'avoient fourni les quarante-huit livres de tiges employées à l'expérience, je n'ai obtenu que huit onces d'une liqueur ſirupeuſe, ayant tous les caracteres d'un miel médicamenteux, c'eſt-à-dire, d'un miel chargé de matieres extractives d'une ou de pluſieurs plantes.

Cette eſpece de ſirop ayant été miſe dans une capſule, & portée enſuite à l'étuve, pour favoriſer, par ſon évaporation inſenſible, la cryſtalliſation, je n'ai pu obtenir qu'une maſſe noirâtre, extractive, ſucrée, poiſſant les mains & attirant l'humidité de l'air.

Dans la crainte que le ſucre contenu dans les tiges de *Maïs*, ne pût ſe manifeſter, à cauſe de l'abondance de matiere viſqueuſe & extractive dont il ſe trouvoit enveloppé, j'ai tenté une nouvelle expérience.

J'ai pris douze livres de jeunes tiges de *Maïs*, également dépouillées de leurs feuilles, & cueillies au même point de maturité que celles employées dans l'expérience précédente; j'ai fait ſécher ces tiges, & les ai miſes, après cela, à digérer dans l'eſprit-de-vin; il s'eſt bientôt coloré en jaune, & a contracté une ſaveur ſucrée. Cet eſprit-de-vin, ſoumis à l'évaporation, a donné une petite quantité de matiere ſirupeuſe, qui a fini par montrer, pendant ſon ſéjour à l'étuve, de petits cryſtaux ſemblables à ceux de ſucre. Il s'en trouvoit à peine douze grains.

Peu content de ce produit, à cauſe de la difficulté & des dépenſes pour l'obtenir, je n'ai point voulu abandonner cette ſuite de recherches, ſans m'arrêter un moment aux épis de *Maïs* encore verds, & qui, dans cet état, me donnoient l'eſpoir que la très-petite portion de ſucre obtenue des jeunes tiges, pouvoit avoir augmenté en quantité par les progrès de la végétation.

J'ai pris en conſéquence trente livres de ces épis, que j'ai pilés dans un mortier, & ſoumis enſuite à la preſſe. Ils ont fourni dix-huit livres d'un ſuc blanchâtre, que j'ai laiſſé dépoſer pendant vingt-quatre heures. Après avoir décanté la liqueur, je l'ai évaporée au bain-marie; elle m'a donné dix-huit onces d'un ſirop épais, qui, réduit à la conſiſtance de miel, a préſenté une ſubſtance ſucrée, ſemblable à de la melaſſe unie à une matiere extractive, laquelle a refuſé de cryſtalliſer.

L'eſprit-de-vin digéré ſur l'extrait dont il vient d'être queſtion, s'eſt chargé

également

également d'une matiere ſucrée ; mais à peine en ai-je pu obtenir, par l'évaporation inſenſible, quelques criſtaux de ſucre. J'ai tourné mes vues ſur les autres parties conſtituantes du *Maïs*.

De l'Amidon.

Quoique les expériences chymiques, auxquelles j'ai expoſé le *Maïs*, ne m'aient pas fait connoître dans ce grain une grande quantité d'amidon, j'ai penſé qu'en lui faiſant ſubir l'opération de l'Amidonnier, j'en obtiendrois davantage ; & qu'alors ce ſeroit un moyen précieux de ſuppléer en ce cas, le froment ou l'orge, les deux ſeuls grains conſacrés ordinairement à cet objet, avec d'autant plus de raiſon, qu'une pareille opération n'eſt ni coûteuſe, ni pénible, puiſqu'elle conſiſte à détruire par la fermentation & les lavages, le mucilage qui l'enveloppe, & l'unit aux autres principes : mais malheureuſement le produit en amidon qui en eſt réſulté, n'eſt guere plus conſidérable que celui que m'avoit fourni l'analyſe, & dont la proportion eſt à peine d'une once par livre.

En expoſant les expériences faites ſur les tiges & les épis encore verds, j'ai dit que le ſuc qu'on en exprimoit, laiſſoit ſur le papier deſtiné à le filtrer, & au fond des vaiſſeaux qui le contenoient, une matiere féculente. Il s'agiſſoit de tenter quelques eſſais, pour m'aſſurer ſi elle étoit de nature amilacée. Le premier dépôt eſt une ſubſtance réſineuſe, qu'on trouve dans tous les ſucs des plantes ; l'autre eſt une matiere mucilagineuſe, qui ne poſſede qu'une partie des propriétés de l'amidon.

Lorſque la tige du *Maïs* a acquis toute ſa croiſſance, on trouve dans ſon intérieur, une ſubſtance médullaire, blanche & ſerrée, qui n'a preſque plus de ſaveur. C'eſt ce qui m'a fait ſoupçonner que la matiere muqueuſe, ſi abondante dans les jeunes tiges, avoit peut-être inſenſiblement acquis le caractere d'amidon, ainſi que j'ai eu occaſion de le remarquer dans une infinité de circonſtances : mais mes eſſais n'ont pas été plus heureux.

Enfin, pour derniere expérience, j'ai ſoumis la fécule que dépoſe le ſuc exprimé des épis encore verds, & dont le blanc-mat me laissoit quelque espoir de réussite. J'ai fait plus; j'ai examiné le marc de ces épis au sortir de la presse, en le traitant dans l'eau à l'instar de toutes les racines amidonnées; mais inutilement.

Je le déclare, ce n'est que d'après de pareilles tentatives, variées & multipliées, que je me suis vu forcé de renoncer à regret à l'espoir de retirer du *Maïs*, une assez grande quantité de sucre & d'amidon, pour pouvoir ajouter ces ressources à la liste de celles que ce grain peut offrir.]

De la substance muqueuse.

Résolu de laisser mes recherches concernant le sucre & l'amidon de *Maïs*, j'ai voulu du moins m'assurer si la substance muqueuse ou gommeuse, dont la proportion est infiniment plus considérable que les autres parties constituantes de ce grain, pouvoit épargner une partie de l'amidon lui-même, & se changer par une longue cuisson dans l'eau simple ou composée, en une colle propre à certains arts. Je n'oserois prononcer d'après mes résultats; car il m'a paru qu'ils avoient besoin d'être vérifiés par les Artistes eux-mêmes. La substance muqueuse étant plus composée dans les tiges & dans les épis encore verds, il est difficile, en la séparant des réseaux fibreux qui la renferment, d'en tirer sous cette forme un parti avantageux.

[Quant à la partie colorante que l'esprit-de-vin enleve au *Maïs* en même-temps que la matiere sucrée, & qui appartient à l'extrait, elle y est en si petite quantité, & la nuance jaune qu'elle pourroit procurer dans les arts, se trouve répandue dans tant de corps, qu'il seroit également superflu de s'arrêter à celles que fourniroit ce grain pour en chercher l'usage.

Réflexions sur les produits de l'analyse du Maïs.

Si j'ai exposé même les tentatives infructueuses que j'ai faites, à dessein d'apprécier & d'étendre l'utilité du *Maïs*, c'est dans la crainte que l'esprit de systême ne cherchât un jour à former à cet égard quelques spéculations, sans avoir répété les expériences qui pourroient en conſtater la poſſibilité, ou bien pour empêcher ces gens à projet, qui, la tête échauffée de ce que certains Ecrivains ont haſardé concernant les avantages exagérés du *Maïs*, ne manqueroient point d'entraîner tôt ou tard quelque Compagnie dans des dépenſes ruineuſes, ſous le fol eſpoir de trouver dans ce grain de quoi bénéficier immenſement.

Les tiges de *Maïs*, encore tendres & vertes, contenant donc une matiere ſucrée & extractive, comme celles de la plupart des graminées, il n'eſt pas étonnant qu'on puiſſe, de leur ſuc exprimé, obtenir par la fermentation, des liqueurs vineuſes, & par la concentration au feu, un ſirop & une eſpece de miel; toutes préparations bien connues des Indiens, & dont j'ai aſſez examiné les états pour aſſurer aux Auteurs qui les ont mis au nombre des avantages qu'on retire du *Maïs*, qu'elles ne ſont nullement comparables à celles qu'on compoſe avec le miel d'Europe le plus commun, quand bien même les tiges ſeroient infiniment plus ſucrées en Amérique que dans nos climats.

La ſaveur ſucrée d'un corps n'eſt pas toujours à raiſon du ſucre qu'il contient; le miel le plus gros & le plus grenu en fournit à peine dix gros par livre. Si on coupe les cannes à ſucre trop vertes, elles ne fourniſſent, ſuivant l'obſervation de M. *Rigault*, que peu de ſucre. D'ailleurs, quoique de la même famille, cette derniere plante eſt entierement différente; il lui faut 15 à 18 mois pour prendre tout ſon accroiſſement, tandis que c'eſt l'affaire de 4 à 5 mois pour le *Maïs*. Ses tiges ſont d'autant plus ſavoureuſes, qu'elles ſont plus jaunes; elles ne poſſédent alors que les matériaux du ſucre, ſi je puis m'exprimer ainſi, qui, au lieu de concourir à la fabrication de ce ſel eſſentiel, ne forment plus par la ſuite qu'une matiere muqueuſe extractive.

Le dépôt reſté ſur le filtre, n'eſt autre choſe, comme nous l'avons fait obſerver, que la matiere colorante verte: c'eſt une eſpece de vernis, dont la nature a revêtu la partie extérieure des plantes, dans la vue de les garantir des maladies auxquelles elles ſont ſujettes. Cette partie colorante, que j'ai examinée autrefois à deſſein de voir ſi peut-être elle ne contenoit point l'indigo tout formé, eſt plus ou moins abondante dans les végétaux, ſuivant leur âge, leurs eſpeces

& le pays où ils croiſſent : mais malgré le peu de ſuccès que j'ai eu dans mes tentatives, je n'en ſuis pas moins perſuadé que cette fécule bleue ſe trouve dans la matiere verte des plantes, unie intimement à une petite quantité de matiere réſineuſe jaune ; & que la maniere différente dont elle eſt combinée avec les autres principes, exigeroit auſſi une manipulation particuliere pour l'en ſéparer.

Si les tentatives de l'Indigotier, qui a employé ſon procédé ſur l'*iſatis* & la *morelle*, ont été infructueuſes, n'a-t-on pas réuſſi à avoir une couleur bleue du blé de vache, en faiſant ſubir à cette plante une fermentation connue pour l'indigo ? Je ſais bien que nous avons un grand obſtacle dans la différence du climat à celui du pays où l'on cultive l'*anil :* mais eſt-ce une raiſon ſuffiſante pour reſter dans l'inaction ? Oui, je ſuis convaincu que ſi on propoſoit un prix pour cet objet, on parviendroit à trouver un procédé pour faire de l'indigo, avec nos plantes d'Europe.

Nos recherches ont été aſſez multipliées, pour trouver de l'amidon dans toutes les parties de la fructification du *Maïs*, s'il y en avoit eu ; & nous croyons que ceux qui ont indiqué le grain dont il s'agit, pour ſervir à cet uſage, ne ſe ſont point aſſurés ſi la choſe étoit réellement poſſible. Propoſer, pour y parvenir, de réduire ce grain en farine, c'eſt dire la plus grande de toutes les abſurdités.]

Ce ſeroit ſans doute une grande économie pour le Royaume, qu'on ne conſacrât à la fabrique de l'amidon, que des ſubſtances uniquement propres à cet emploi ; par exemple, des plantes vénéneuſes, & celles dans leſquelles la Médecine & les Arts n'ont encore trouvé aucunes reſſources, des racines qui croiſſent ſpontanément, & qui contiennent un véritable amidon tout formé : cette épargne deviendroit d'autant plus avantageuſe, que les fabriques de papier, très-nombreuſes aujourd'hui, à cauſe des meubles & de la manie d'écrire, en conſomment preſqu'autant que la coëffure.

[Il faut donc renoncer à l'emploi de chacune des parties conſtituantes que l'analyſe retire du *Maïs* ; elles ſont deſtinées à demeurer liées enſemble pour être priſes ſous forme de boiſſon & de nourriture. A quoi ſerviroit également le ſuc exprimé des tiges ou des épis encore verds, puiſque pour ſe procurer les avantages si vantés qui en proviendroient, il faudroit sacrifier, à grands frais, le grain lui-même, la partie la plus précieuse de la plante, pour n'obtenir que des résultats médiocres & défectueux (1).

Laissons aux abeilles le soin de courir la campagne, pour puiser au fond du nectar des fleurs, le miel qu'elles nous ramassent, sans opérer de dérangement dans les organes délicats des plantes. Laissons à l'industrie de nos Colons retirer de la canne, le sucre tout formé, que la nature y a mis abondamment en réserve : conservons à l'homme sa nourriture, aux bestiaux leurs pâturages, & à la volaille son engrais. Voilà l'emploi le plus utile, j'ose le dire, le plus raisonnable, qu'il soit possible de faire des tiges du *Maïs*, & du grain que la plante produit.]

ART. III.

Conservation du Maïs *en épi.*

L'air & le feu sont les deux principaux agens de la destruction ou de la conservation des corps. C'est par leurs effets, qu'on vient à bout de donner plus de perfection au *Maïs*, ou d'en prolonger la durée. Voyons auparavant de les détailler, ce que devient après la récolte du fruit, le corps de la plante qui soutient les épis.

Des tiges ou chaume du Maïs.

Aussi-tôt après la récolte du *Maïs*, on enleve le corps de la plante avec ses racines, quand on a dessein d'y semer ensuite du froment ; ou bien on la laisse pourrir dans les champs. Quelquefois on la répand sur les grands chemins pour la triturer & la pourrir ; souvent encore elle sert de litiere.

(1) Les Américains fendent quelquefois les tiges de *Maïs*, quand elles sont séchées, ils les taillent en plusieurs filamens pour en former des paniers & des corbeilles de différentes formes & grandeurs. Ils font aussi servir à cet usage les feuilles qui enveloppent l'épi. Celles de ces feuilles les plus minces, placées immédiatement sur le grain, sont employées à garnir des matelas.

[Mais cette tige étant trop dure & trop ligneuſe pour devenir promptement un bon engrais, nous penſons que ceux qui préferent de la brûler, en tirent un meilleur parti, parce qu'indépendamment de la chaleur qu'on en obtient, elle produit beaucoup de cendres, & que ces cendres donnent une quantité conſidérable de ſels; ſur-tout ſi on emploie la maniere de leſſiver indiquée par les Régiſſeurs Généraux des Poudres & Salpêtres, publiée par ordre du Roi, ſous ce titre: *l'Art de fabriquer le Salin & la Potaſſe.*

D'après les expériences rapportées dans ce Mémoire, il eſt démontré que 440 livres de tiges de *Maïs* fourniſſent 39 livres de cendres, qui, leſſivées avec 612 livres d'eau, donnent 17 livres 12 onces 1 gros 36 grains d'alkali. Les mêmes expériences, auxquelles j'ai ſoumis les tiges de *Maïs* de ma récolte, m'ont préſenté à peu-près le même réſultat.

Cette plante peut donc, par ſon volume, la promptitude de ſa croiſſance, & la fécondité de ſa ſemence, mériter, non-ſeulement l'attention des Cultivateurs, mais encore celles des Fabriquans de Salin, qui ne doivent, il eſt vrai, compter que ſur la tige inférieure; car la tige ſupérieure eſt deſtinée à un emploi plus eſſentiellement utile: & d'ailleurs ſon état moins compact, moins ligneux, eſt un obſtacle à ce qu'elle fourniſſe autant de cendres & de matieres ſalines.]

Dépouillement des robes du Maïs.

Le *Maïs* récolté, & tranſporté à la grange, encore garni de ſa robe ou de ſes feuilles, eſt amoncelé dans une aire de grange, ou dans un lieu aſſez vaſte pour que le tas ne ſoit pas trop conſidérable; parce que ſouvent l'épi, en moins de trois jours, ſur-tout dans les pays humides & froids, s'échauffant dans les feuilles, pourroit contracter une diſpoſition à germer & à moiſir, ce qui préjudicieroit à la qualité du grain, & à ſa conſervation.

Le travail, de le dépouiller, a donc lieu plus ou moins immédiatement après la récolte, quelquefois même avant celle des tiges inférieures. Des femmes & des enfans s'aſſeyent autour du tas, prennent l'épi de la main gauche,

& de la droite tirent les robes vers le bas, & caffent le noyau ou le pied auquel elles font attachées.

On fépare ordinairement la récolte en trois parties : les épis de *Maïs* les plus beaux, les plus mûrs, font mis de côté, avec une partie de leurs enveloppes, & deftinés pour les femailles ; les autres, entierement dépouillés de leurs robes, pour les ufages ordinaires ; enfin, les épis les moins mûrs, & auxquels il femble que la végétation n'a pas été auffi favorable, (c'eft heureufement la partie de la moiffon la moins confidérable) font féparés du tas, pour être dépiqués jour par jour, & pour fervir de nourriture aux cochons & à la volaille.

Deffication du Maïs *par l'intermede de l'air.*

Il n'exifte point d'agent qui concoure plus furement à la confervation de nos productions, que l'air aidé par la chaleur du foleil, ou par le froid. Ce moyen, le plus naturel & le moins coûteux de tous, eft fans doute au pouvoir de l'homme ; mais rarement en recueille-t-il les avantages. Auffi le *Maïs* fufpendu au plancher, répandu en tas dans le grenier, ou expofé au foleil, doit à l'air, mis en action, toute la perfection qu'il acquiert infenfiblement.

Maïs *fufpendu au plancher.*

Lorfque les épis de *Maïs* font débarraffés en partie de leurs feuilles, on les entrelace, par celles que l'on laiffe à cet effet ; on en forme des paquets de 8 à 10 épis ; on les fufpend horizontalement fur des perches qui traverfent la longueur des greniers, & de tous les autres endroits intérieurs & extérieurs de la maifon (1).

(1) [La confervation du *Maïs* en épi, fufpendu par paquets au plancher & dans le contour des habitations, eft comparable, pour les effets, à celle des grains en gerbe. Ce moyen fimple, indiqué par la nature, auroit été le feul adopté par-tout, fi les hommes, réunis en fociété, ne l'euffent rendu impraticable, à caufe de la multiplicité de leurs befoins & de l'étendue de leurs provifions. Autrefois les Efpagnols n'en employoient pas d'autre pour garder leur récolte en *Maïs* ; maintenant ils en répandent une partie fur l'aire des greniers.

L'expérience a prouvé à tous les Cultivateurs de *Maïs*, de l'ancien & du nouveau Monde, que ce grain ſuſpendu ainſi au plancher, ſe conſerve ſans aucuns frais, pendant pluſieurs années, avec toute ſa bonté & ſa fécondité. Chaque épi ſe trouvant comme iſolé & perpétuellement léché par l'air qui circule librement tout autour, n'a rien à craindre de la chaleur ni du ravage des inſectes, quand bien même il ſeroit expoſé au-dehors des maiſons. On connoît les avantages des grains conſervés dans la gerbe; le *Maïs* ſuſpendu au plancher les partage.

Cette méthode de conſerver le *Maïs* eſt pratiquée dans tous les pays, même par les Sauvages de l'Amérique, qui laiſſent, toute l'année, aux toits de leurs huttes, leurs proviſions; & il y a grande apparence que c'eſt à eux à qui nous en avons l'obligation: mais quelqu'avantageuſe qu'elle ſoit, il s'en faut que toute la récolte d'une population nombreuſe puiſſe être gardée de cette maniere, à cauſe de l'emplacement qu'elle exige; auſſi n'eſt-elle réellement ſuivie parmi nous, que pour le grain deſtiné aux ſemailles, ou pour celui qu'on ne veut égrener qu'à meſure du beſoin, pour en préparer quelques mets.

Maïs *répandu dans le grenier.*

Les épis de *Maïs* étant dépouillés entierement de leurs robes, on les étend ſur le plancher à claire-voie, d'un grenier bien aéré, à un pied ou deux au plus d'épaiſſeur, afin qu'ils puiſſent aiſément reſſuer en attendant qu'on les égrene.

Dans les Aſturies, ces greniers, également deſtinés à ſerrer les autres grains, ſe trouvent iſolés au milieu des rues, des Hameaux & des Villages; ils ſont conſtruits en châtaigner ou en chêne, & ſoutenus par des colonnes de pierre ou de bois, qui ſe terminent ordinairement en pyramides, couvertes d'une grande pierre ronde, comme celle du Rémouleur; elles ont juſqu'à ſix pieds de hauteur: c'eſt ſur ces piedeſtaux qu'on place les greniers. En face de la porte, eſt un eſcalier de pierre éloigné d'une enjambée, afin que les rats ne puiſſent ſauter dans ces greniers: ils ſont couverts de planches bien ajuſtées, & de tuiles pardeſſus. On a ſoin de ménager ſur les côtés, des petits trous pour ventiler l'intérieur. Nous obſerverons ſeulement que, ſi ces ouvertures permettent l'accès des inſectes, auſſi redoutables pour le moins que les rats, toutes les précautions dans la conſtruction de ces greniers deviennent preſque inutiles.]

On

On a soin de les remuer de temps en temps, & d'en défendre, autant qu'il est possible, l'accès aux animaux.

Cette pratique de conserver le *Maïs* en épi sur des planchers à claire-voie, est indispensable, sur-tout dans les pays où les premiers froids d'automne empêchent que le grain n'acquiere sur pied sa parfaite dessication. Ce n'est qu'après avoir passé un ou deux mois au grenier, qu'il est complétement mûr : alors il a fini de pomper le suc nourricier dont l'intérieur de l'épi se trouve encore imprégné; ce qui perfectionne d'autant le grain, à peu-près comme certains fruits qui s'améliorent encore après la cueillette, en leur conservant un peu de la tige à laquelle ils appartenoient.

Il n'en est pas de même dans les pays méridionaux de l'Europe, où la chaleur du climat, & peut-être la qualité du sol, font acquérir au *Maïs*, tant qu'il est sur pied, sa perfection & son entiere maturité : on pourroit l'égrener presque aussi-tôt qu'il est cueilli (1).

Maïs *exposé au soleil.*

Dans les Provinces méridionales de l'Espagne & de l'Italie, dans le continent de l'Amérique septentrionale, particulierement en Virginie, où la culture du *Maïs* est plus commune que dans les autres parties des Etats-Unis, ce grain ne reste en épi, c'est-à-dire, celui destiné à la nourriture, qu'autant qu'il faut pour l'égrener. A peine la récolte en est-elle faite, qu'on déshabille les épis, de

(1) Il y a également en Amérique, plusieurs méthodes pour conserver le *Maïs*. M. *Kalm* nous apprend que dans les Colonies Anglaises, on construit de petits magasins avec des perches, en sorte que l'air puisse passer entre elles, & tenir le grain sec & froid. Ces magasins ont ordinairement dix-huit pieds de long, sur deux ou trois de large. S'ils ont plus de largeur, l'air ne circule point assez, & les épis qui sont au milieu, se gâtent. Quant à la hauteur, on la proportionne à la quantité du grain. La structure du plancher est la même que celle des murs, & le toit est de planches ou d'autres matieres. On a soin que ces petits magasins soient éloignés des maisons, en quelque sorte isolés, afin que l'air y passe librement. Un de leurs inconvéniens, c'est d'être accessibles de toutes parts aux rats & aux souris. Quant à la neige & à la pluie qui peuvent tomber sur ce grain, le même Auteur assure qu'il n'en résulte aucuns désavantages, parce que l'air le seche aussi-tôt.

leurs feuilles ; on les expose ensuite à l'ardeur du soleil, puis on les égrene, & on les met en réserve dans le grenier, ainsi que cela se pratique pour le froment.

On sent bien qu'une pareille dessication ne peut s'opérer que dans les pays chauds, où le *Maïs* est déjà plus sec que celui des contrées moins méridionales. Dans celles-ci, où ce double avantage lui manque, on ne sauroit l'égrener, que quand il a passé quelque temps au grenier. Souvent même il arrive que, quoiqu'on ait profité des rayons du soleil qui paroissent en automne, il n'est pas encore en état de se conserver au grenier, sans l'attention de le remuer continuellement.

Mais le *Maïs* est comme les autres grains des Provinces septentrionales, qui exigent souvent qu'on les passe à l'étuve, pour se conserver & se transporter. Cependant il y a des années où la saison leur a été tellement favorable, qu'ils n'ont besoin nulle part de cette dessication artificielle, pour braver la durée des temps sans s'altérer.

Le *Maïs*, quelque sec qu'on le suppose, subit, dans certains endroits du Royaume, l'opération du feu ; sur-tout celui dont on va préparer de la bouillie. On prétend même que sans cela, cette préparation seroit très-inférieure : mais les Italiens, qui ont toujours passé pour de grands amateurs de bouillie, ne font jamais sécher au feu le *Maïs*, & leur *Polenta* a pour le moins autant de réputation que les *Gaudes*. Le feu, dans ce cas, ne sert donc qu'à suppléer les défauts du climat.

Quoique mon travail soit entrepris pour éclairer les habitans de la haute & basse Guienne, qui, en aucuns temps, n'invoquent le secours du feu pour donner au *Maïs*, dont ils préparent de bonne bouillie, une plus grande perfection, l'Académie de Bordeaux me permettra d'interrompre un moment le détail des faits qui l'intéressent spécialement, pour m'arrêter au procédé que suivent à cet égard les Comtois & les Bourguignons. L'intention de cette illustre Compagnie n'a pas été de borner ses vues à la Province dont le bonheur l'occupe ; elle a voulu encore concourir à l'utilité de tous les pays qui cultivent le *Maïs*.

Conſervation du Maïs *par le feu.*

[L'automne, dans nos Provinces méridionales, eſt communément ſi belle, que le *Maïs*, ſemé en Mai, y parvient à une parfaite maturité. Il n'y a point d'exemple, qu'on ait été forcé de recourir au feu pour achever ſa deſſication, à moins que leurs habitans, manquant de ce grain de la récolte précédente, ne ſe hâtent de cueillir dans leurs champs, les épis les plus avancés, pour s'en nourrir. Alors ils ſont bien obligés de les paſſer au feu, pour les égrener & les moudre : mais on remarque que la farine n'en eſt ni auſſi abondante, ni auſſi ſuſceptible de conſervation, que ſi ce grain eût mûri & ſéché tout naturellement dans ſon épi.

Qu'il me ſoit permis à cette occaſion d'implorer, au nom de l'humanité, des perſonnes riches & bienfaiſantes qui habitent les campagnes ſur leſquelles le fléau de la diſette peſe le plus ſouvent : c'eſt ſur-tout à l'approche de la moiſſon, que le Payſan eſt le plus à plaindre. Privé de tout, il ſoupire après la récolte, ſe jette ſur le grain qu'il conſomme avant qu'il ne ſoit mûr ou reſſué ; & il ignore la cauſe des maladies qui l'aſſiegent de toutes parts. Ne ſeroit-il donc pas à ſouhaiter que dans ce moment de détreſſe, les propriétaires opulens exerçaſſent la charité envers lui, ſans lui rien donner ? Il ſuffiroit de lui prêter du grain, ou d'échanger ſimplement le nouveau grain contre du vieux, meſure pour meſure.

La conſommation du *Maïs* en épi, provenant des pays moins méridionaux, n'eſt pas toujours auſſi facile. Malgré les ſoins qu'on en prend au grenier, il arrive ſouvent que quoiqu'il ait reſſué, il n'eſt point encore en état d'être égrené. Il faut employer la chaleur du feu, comme cela ſe pratique en Bourgogne & en Franche-Comté, avec l'attention de ne paſſer au four que le *Maïs* deſtiné à la préparation des *Gaudes* : car cette opération nuit directement, & à la reproduction du germe, & au principe eſſentiel pour la panification.]

Procédé ufité en Bourgogne pour fécher le Maïs *au four.*

Pour faire cuire *le Turquie*, car c'eft ainfi qu'on s'exprime en Bourgogne, lorfqu'on feche le *Maïs* au four, on diftribue les épis deftinés à la fournée, dans des corbeilles; puis on chauffe le four jufqu'au blanc parfait, c'eft-à-dire, un peu plus que pour la cuiffon du pain. Le four une fois chauffé, on le nettoie, on y jette les épis, que l'on étend avec un fourgon de fer recourbé; on ferme le four auffi-tôt. Une heure après, on le débouche; & au moyen de la pelle de fer, on a foin de remuer le fond du four, de foulever les épis, de renverfer ceux qui pofent fur l'âtre.

Après cette opération, on étend avec la pelle une ligne de braife allumée, à la bouche du four, que l'on ferme le mieux poffible, dans la crainte que la chaleur ne s'échappe. On remue les épis une feconde fois; & c'eft à peu-près l'affaire de vingt-quatre heures pour compléter la deffication du *Maïs*.

Lorfqu'il s'agit de retirer les épis du four, on fe fert d'un inftrument de fer, de l'épaiffeur de deux lignes, que l'on emmanche à une longue perche. On met les épis, au fortir du four, dans une manne ou panier quarré; on les égrene enfuite, afin qu'ils ne fe ramoliffent pas.

On chauffe de nouveau le four pour y fécher d'autres épis de *Maïs*, que l'on laiffe vingt-quatre heures, ainfi que les premiers : fi c'eft la veille d'une fête, on a foin que le four ait un peu plus de chaleur, & que la fournée foit en même-temps d'un tiers plus confidérable, parce qu'on ne la tire que le furlendemain.

Dans un four d'une grandeur ordinaire, on feche communément environ quatre mefures de *Maïs*; c'eft-à-dire, que les épis paffés au four, rendent après leur deffication, environ quatre mefures en grain : mais quand les fours ont une capacité confidérable, tels que les fours bannaux, on y feche jufqu'à trente & quarante mefures.

Réflexions ſur la deſſication du Maïs *au four.*

Le degré de chaleur exigé pour faire ſécher le *Maïs*, pourroit faire craindre que le grain ne perdît toutes ſes qualités, ſi nous n'obſervions ici que l'humidité contenue dans l'épi, ſur-tout s'il eſt nouveau, ſuffit en s'exhalant dans l'intérieur, pour abſorber une grande partie de la chaleur du four, & la tempérer de maniere à ne plus exercer qu'un effet très-modéré ; & ſi l'on attend que le *Maïs* ait ſéjourné dans un endroit très-aéré, on peut éviter d'employer un degré de feu auſſi fort, ou mettre plus d'épis au four. Je ne puis paſſer ſous ſilence quelques obſervations ſur cette deſſication, toujours trop bruſquée, & qu'on ne ſauroit comparer à celle obtenue inſenſiblement par l'air, aidé du chaud ou du froid.

[J'ai fait venir de Bourgogne du *Maïs*, ſéché au four, pour en connoître l'aſpect, & le comparer au même grain de la même récolte : il a perdu à l'extérieur ſon état liſſe & brillant ; l'écorce eſt plus ſeche & plus rapprochée, & la portion farineuſe qui occupe le centre, eſt plus friable, ainſi que le germe qui a perdu de ſa flexibilité. Une meſure qui en contient trois onces & demie ainſi deſſeché, ne peut contenir que trois onces de celui qui n'a pas paſſé au four.]

En parlant des effets généraux du feu ſur les grains, j'ai dit que ſon action enlevoit l'eau ſurabondante, combinoit plus intimement celle qui leur étoit eſſentielle, détruiſoit l'état tenace & viſqueux ; ce qui mettoit les grains les plus nouveaux, & par conſéquent les plus humides, dans le cas d'être moins attaquables par les inſectes, de pouvoir ſe moudre avec plus de profit, de ſe conſerver plus long-temps, de ſe tranſporter au loin ſans craindre d'avaries, de donner enfin une farine plus propre à la préparation de la bouillie : mais que tous ces avantages, précieux ſans doute, ne pouvoient avoir lieu, ſans apporter dans la conſtitution du grain un dérangement notable ; dérangement, dont le germe ſe reſſentoit le premier, & qui ſe portoit enſuite ſur le principe qui contribue le plus à la panification.

Il paroît que l'expérience a rendu les Bourguignons & leurs voisins très-attentifs à ces circonstances, puisque jamais ils ne passent au four le grain destiné à la réproduction future, & rarement celui qui entre dans le Petrin, ou qu'on donne à manger aux animaux. Ils ne pratiquent donc réellement cette opération, que dans la vue de donner à la bouillie & aux *Gaudes*, une perfection qu'elles n'auroient point, selon eux, sans cette dessication préalable. Aussi a-t-on coutume de dire, en Franche-Comté & en Bourgogne, que les *Gaudes* ne sont jamais aussi savoureuses quand on les prépare avec le *Turquie* verd; expression, qui prouve assez qu'ils regardent le grain, en cet état, comme une crudité.

L'intention principale, en appliquant le feu au *Maïs*, a donc moins pour objet de prolonger la durée de ce grain, que de lui donner une perfection qu'il n'a point reçue de la nature, pour la forme alimentaire sous laquelle on en fait plus particulierement usage dans ces Provinces. Car c'est une vérité que je crois avoir démontrée jusqu'à l'évidence, que le grain qui fait la meilleure bouillie, est précisément celui qui convient le moins à la panification, *& vice versa*. Sans vouloir rien changer aux habitudes locales, j'ai pensé que quand le *Maïs* a séjourné au grenier quelques mois, & qu'il est suffisamment ressué pour se laisser égrener, on pourroit le mettre au four en grain, & non en épi, parce qu'alors il ne faudroit point le chauffer exprès, que la chaleur qu'il conserve, après qu'on en a ôté le pain, ou celle qui régneroit au-dessus du four, deviendroit suffisante. Elle s'exerceroit sur tous les points de la surface du grain, qu'elle pénétreroit aisément. La dessication, par ce moyen, s'opéreroit plutôt, d'une maniere moins gênante & moins dispendieuse : car on ne sauroit se dissimuler que l'usage familier de chauffer le four, empêche qu'il soit bien constant dans ses effets; que souvent il y a un point à saisir qu'on échappe; que d'ailleurs les récoltes étant susceptibles de variations, le *Maïs* d'une année seche, ou d'une terre sabloneuse, n'exige pas le même degré de chaleur, que celui d'une année humide, ou venu dans une terre grasse. D'où il suit que le grain est tellement desséché, qu'il n'absorbe point autant d'eau à la chaudiere, & que les *Gaudes* qu'on en obtient, ne sont point aussi savoureuses.

Telles sont les raisons qui m'ont donné, du procédé des Bourguignons, une opinion défavorable. J'ai cru devoir les communiquer à M. *Maret*, Secrétaire perpétuel de l'Académie des Sciences de Dijon, si recommandable par ses travaux, toujours dirigés vers l'utilité publique, & qui s'étoit empressé de me procurer des éclaircissemens sur l'objet qui m'occupe. Il a bien voulu soumettre mes doutes à M. *Perret*, de la même Académie, qui, ayant sa maison de campagne environnée de grandes cultures de *Maïs*, étoit plus en état que personne, de me donner les instructions que je désirois; voici l'extrait de sa réponse.

Observations de M. Perret.

En faisant sécher le *Maïs*, on a intention de rendre la farine plus savoureuse, & de contribuer à la conservation du grain, qu'on garde assez souvent, plusieurs années, dans des tonneaux défoncés; ce qui seroit impossible, ou dumoins très-difficile, si le grain n'avoit pas passé au four. On le garde encore en tas dans des greniers sans accident, pourvu qu'il ne soit pas exposé à l'humidité. Mais on évite de sécher au four le *Maïs* réservé pour les semailles. Quant au *Maïs* destiné à la volaille ou au bétail, on ne le fait pas non plus sécher; mais c'est plutôt par économie, que pour toute autre cause; car cette dessication opere toujours une grande consommation de bois, & une perte de temps considérable.

Il n'y a pas d'autres motifs qui puissent dispenser les Habitans de nos Provinces méridionales, de passer le *Maïs* au four, que la chaleur du climat, ou la nature du sol qui produit ce grain. Mais quelques parfaites que soient sa mâturité & sa dessication sur pied dans les pays chauds, je doute que la saveur de la bouillie de *Maïs* ait le même parfum que la farine employée en Bourgogne, & provenant du *Maïs* séché au four.

Le *Maïs* qui a subi cette opération, & celui qu'on laisse dans son état naturel, ont une odeur si différente, qu'ils ne se ressemblent plus que par la forme. L'odeur & le goût de l'un & de l'autre varient en quelque sorte, autant que ceux du café brûlé & du café verd.

Presque tout le monde mange avec plaisir, en Bourgogne, les différens mets préparés avec la farine du *Maïs* desséché ; il n'y a gueres que les paysans qui, par une suite de l'éducation & de l'habitude, puissent faire usage du blé de Turquie qui n'a pas été mis au four. Son odeur & son goût déplaisent à une multitude de gens, même à quelques-uns de ceux accoutumés aux alimens ordinaires de la campagne.

Il feroit possible sans doute de n'appliquer le feu au *Maïs*, qu'à mesure de la consommation pour le transporter au moulin, & le garder plutôt en farine qu'en grain : mais cet usage n'est suivi que dans certains cantons, & dans quelques fermes où l'on ne recueille que de petites quantités de *Maïs* : dans celles où on fait de grandes récoltes, comme sur les bords de la Saône & du Doulx, on desseche ce grain à la fin de l'automne & pendant l'hiver, pour le consommer ou le vendre ; & il feroit très-difficile de le conserver en gros tas, s'il n'avoit été préalablement séché au four. Au surplus, les gens de la campagne de la basse Bourgogne consomment plus de *Maïs* que de blé, de seigle ou d'orge ; ils lui donnent même la préférence sur ces grains, parce qu'il est susceptible de préparations plus variées, & plus savoureuses pour leurs organes.

On a déjà voulu essayer de dessécher le *Maïs* en grain, au lieu de le placer au four en épis ; mais on a trouvé cette méthode embarrassante & défectueuse. D'abord il est extrémement difficile à égrener, quand il n'a pas été chauffé. Il faut ensuite beaucoup de place pour pouvoir le conserver, l'étendre & le remuer souvent, ce qui exige des greniers vastes & un travail perpétuel. Enfin en le plaçant en grain dans le four, les parties supérieures & inférieures sont en partie brûlées, ainsi que celles qui touchent à l'âtre & aux parois du four. Celle du milieu est mal desséchée ; en sorte que les grains confondus ensemble forment un mélange qui choque l'œil, produit une farine brune, qui conserve un goût d'amertume : ajoutons, que les charbons, les cendres & la poussiere du four qui recouvrent ces grains, présentent une grande difficulté pour nettoyer le *Maïs*.

On observe d'ailleurs qu'il faut un dégré de chaleur plus grand, pour dessécher

cher une certaine épaiſſeur de blé de Turquie, miſe en grain dans le four, que lorſqu'il eſt placé en épis, & que jamais il n'y a d'égalité à eſpérer dans le deſſéchement.

Diſons encore, que jamais on ne mêle avec le *Maïs* des épis égrenés après la deſſication, les grains qui ſe ſont détachés d'eux-mêmes dans le four. Les Marchands éclairés par l'expérience, refuſeroient d'acheter ce *Maïs*, ou ne voudroient le payer, qu'au-deſſous du prix ordinaire.]

ART. IV.

Conſervation du Maïs *en grain.*

Par-tout où le *Maïs* conſtitue la nourriture fondamentale des habitans de la campagne, on a le plus grand intérêt de conſerver ce grain auſſi long-temps qu'on le peut, afin de ne pas être obligé, dans la ſaiſon de la récolte, de conſommer ce qui doit faire la proviſion de l'année, & pour ſuppléer encore, s'il eſt poſſible, à la récolte ſuivante. Le moyen le plus efficace pour remplir cet objet, c'eſt, quand la proviſion ou le local ne permettent pas de garder la totalité des épis ſuſpendus au plancher, de les égrener, lorſqu'ils ont perdu au ſoleil, au grenier ou au four, leur humidité ſurabondante.

Sans attendre que l'abſolue néceſſité force d'égrener le *Maïs*, nous penſons qu'il n'y auroit aucun inconvénient de faire cette opération dès qu'elle eſt pratiquable, avant même que le beſoin ne la détermine. Nous oſons même croire qu'elle ne peut être que très-avantageuſe à la conſervation, indépendamment de l'emplacement qu'elle ménage, & de la facilité qu'elle procure à toutes les parties du grain, ſur-tout à celles où réſide le germe, de ſe deſſécher convenablement. J'ai vu ſouvent des épis de *Maïs*, fort ſains en apparence, & les grains offrir dans leur intérieur une véritable détérioration.

M

Précautions à obſerver avant d'égrener le Maïs.

Si on vouloit égrener le *Maïs* auſſi-tôt après qu'il eſt cueilli, cette opération deviendroit difficile, parce que l'épi conſerve encore une eſpece d'humidité végétative, qui continue d'agir au-delà de la récolte, en nourriſſant le grain, & en entretenant dans ſon intérieur une ſorte de molleſſe & de flexibilité. Cette humidité s'évapore inſenſiblement, & ſe combine avec les autres principes, d'où réſulte ce qu'on nomme vulgairement *le reſſuiment* du grain, alors plus dur & plus ſec; ce qui fait que le *Maïs* de la récolte précédente, s'il a été bien conſervé, eſt toujours préférable à celui qu'on vient de moiſſonner, attendu qu'il faut à ce dernier deux ou trois mois de ſéjour au grenier, pour acquérir la ſéchereſſe déſirée.

On peut néanmoins mettre le *Maïs* en état d'être égrené d'une maniere infiniment plus prompte, dans les Provinces Méridionales, en expoſant les épis au ſoleil, comme nous l'avons dit; & dans les Provinces Septentrionales, en les paſſant au four; parce que dans le premier cas, l'humidité moins abondante eſt plus aiſée encore à ſouſtraire, & que dans le ſecond cas, cette humidité plus conſidérable eſt plus tenace & plus adhérente.

Des différentes façons d'égrener le Maïs.

[On égrene le *Maïs* de différentes façons. Elles ſont relatives au Pays & à la quantité de grains qu'on récolte. En Amérique, cette opération a été, de tout temps, confiée aux enfans; elle eſt dans nos climats, l'ouvrage des hommes & des femmes. Ordinairement on s'en occupe pendant l'hiver, lorſque tous les travaux de la campagne ſont terminés; ſouvent on ſe raſſemble le ſoir à la veillée, & les voiſins s'aident réciproquement.

Premiere façon.

C'eſt la plus expéditive. Elle conſiſte à avoir un tombereau, ſoutenu par quatre petits pieds, percé dans tout ſon intérieur, de trous par où les grains, détachés de leurs alvéoles, puiſſent paſſer. On établit ce tombereau au milieu du grenier; on y met une certaine quantité d'épis; deux hommes placés aux deux extrémités, frappent deſſus avec des bâtons: on repaſſe enſuite les épis à la main, pour en ſéparer les grains qui peuvent y être encore reſtés. Cette façon eſt particulierement uſitée dans le pays Navarrin, où le *Maïs*, aſſez ordinairement fort ſec, ne demande qu'une compreſſion peu forte pour ſe détacher aiſément.

Seconde Façon.

On a un eſcabeau pour s'aſſeoir, comme ſi on étoit à cheval, au-devant duquel on place un inſtrument aſſez tranchant, de la même largeur que l'eſcabeau: en prenant avec les deux mains l'épi, & le roulant du haut en bas ſur le tranchant de cet inſtrument, on en détache ſuffiſamment le grain. Quelquefois on ſe ſert d'une poële, & en appuyant fortement l'épi contre les bords, on l'égrene également: mais cette façon n'eſt pratiquée, que par ceux qui n'ont que de petites quantités de *Maïs* à récolter.

Troiſieme façon.

On ſe ſert d'une faucille, ou de tout autre inſtrument de fer, comme la queue d'une poële: on prend l'épi de la main gauche, le tenant par un petit bout perpendiculairement ſur un morceau de planche; puis on fait aller l'inſtrument à égrener, le long de l'épi: c'eſt ordinairement l'ouvrage des femmes. Elles s'en acquittent avec tant d'adreſſe & de célérité, que la tâche ordinaire dans le pays Baſque, eſt de dix conques par jour. Il y en a qui en égrenent juſqu'à douze conques. On paie ordinairement deux ſols par conque pour égrener, vanner, meſurer & mettre en ſac.

Quatrieme façon.

La quatrieme façon d'égrener le *Maïs*, dans pluſieurs de nos Provinces, ſe réduit à tenir l'épi de la main droite, à le frotter avec le papeton d'un autre épi, ou le ſquelette ligneux ſur lequel les grains ſe trouvoient placés par rangées.

Mais dans ce cas, il faut néceſſairement que le *Maïs* ſoit fort ſec ; & d'ailleurs on ſent bien que ce travail fait à la main, eſt fort long, & qu'il ne peut avoir lieu que pour de petites proviſions.

Cinquieme façon.

A toutes les méthodes que nous venons de décrire, a ſuccédé celle de battre avec le fléau, les épis renfermés dans des ſacs ou à nud ; & il faut convenir que cette méthode eſt la plus courte, pour les pays où il y a une grande culture de *Maïs*. Deux hommes peuvent aiſément en livrer dix quintaux par jour ; & c'eſt ainſi qu'on égrene dans la plupart des Provinces méridionales. Le fléau détache aiſément les grains des épis de *Maïs* des pays chauds, ou ceux qui ont paſſé au four. Mais il eſt vraiſemblable que cette méthode ne pourroit être applicable qu'au *Maïs* exceſſivement ſec ; & que dans la circonſtance où il le ſeroit moins, le frottement de l'épi, contre un fer fixé ſur un tonneau, ou quelqu'autre inſtrument, doit mériter la préférence.

Du Papeton.

On déſigne ainſi l'épi ou la *fuſée* de *Maïs* dépouillée de grains. On le dépoſe, après l'opération de l'égrenage, dans un endroit découvert, où il acheve de ſe ſécher. Le papeton porte différens noms dans nos Provinces : les Bourguignons & les Comtois l'appellent *fuſeau*, *panouille*, *ribeau*, *Guilledon ;* dans le haut Languedoc & dans le Béarn, il eſt connu ſous le nom de *charbon blanc.*

Nos beſtiaux mangent le fuſeau, après qu'on en a ôté le grain ; ils en paroiſſent tellement avides, que M. *Cuchot*, Négociant de Bourg-en-Breſſe, m'a aſſuré avoir vu une vache, il y a deux ans, périr pour en avoir avalé un, goulument. Depuis cette époque, on fend en long ces fuſées, on les diviſe en deux ou trois morceaux, & on les applatit avec le marteau. Je dois obſerver à cette occaſion, que quoique j'en aie préſenté à des vaches, elles ont toujours refuſé d'en manger ; peut-être à cauſe de l'état ligneux & ſec où ſe trouve le papeton quand le *Maïs* eſt mûr, & parfaitement ſec: car elles le dévorent, lorſque l'épi eſt encore tendre & molaſſe, après en avoir ſéparé les grains.

Dans quelques cantons du Royaume, le papeton ſert à boucher les bouteilles; mais il eſt trop poreux & point aſſez flexible pour contenir les liquides, ſur-tout quand ils ſont ſpiritueux. On courroit donc le riſque de perdre ſon vin avec de pareils bouchons.

Le papeton ſert merveilleuſement bien en hiver, dans les campagnes, pour favoriſer l'ignition du bois verd, & même pour remplacer le charbon. Il prend feu aiſément, répand une flamme claire & agréable; il peut donc ſervir au chauffage du four, & à beaucoup d'autres uſages économiques.

J'ai cherché à étouffer le papeton rougi au feu, & même à l'éteindre dans l'eau, pour voir ſi le charbon qui en réſulte, feroit propre à quelques uſages; mais il eſt ſi léger & ſi friable, que j'ai arrêté mes expériences ultérieures, je me ſuis borné à l'examen des cendres.

Vingt-quatre livres de fuſées de *Maïs*, brûlées dans un vaiſſeau circonſcrit à l'air libre, m'ont donné quinze onces d'une cendre fort légere, d'un gris foncé. Ces cendres laiſſoient ſur la langue, une impreſſion ſaline; & leſſivées à la maniere ordinaire, j'en ai obtenu de l'alkali fixe & du tartre vitriolé, ſuffiſamment pour annoncer que ces cendres peuvent être employées à la fabrication du ſalin, & comme engrais (1).

Maïs *dans le Ballot.*

Lorſque le *Maïs* eſt égrené, il ſe trouve confondu avec une pellicule, qui forme dans l'épi la loge de chaque grain. Elle s'en détache; & c'eſt ce qu'on

(1) Les Indiens compoſent avec l'épi de *Maïs*, après qu'on l'a égrené, une boiſſon qu'ils nomment le *Yolatole*. On brûle l'épi, & on le réduit en cendres; on en prend une partie, & deux du grain, que l'on fait cuire enſemble; & quand on a décanté la liqueur dans un autre vaiſſeau, on y mêle un peu de chille ou de poivre de l'Amérique, ce qui le colore en rouge. Ce breuvage convient, ſuivant *Jean de Laët*, à la pletore ſanguine: mais il en eſt peut-être de ce remede trop vanté, comme de beaucoup d'autres, qui ne doivent leur réputation qu'à quelques circonſtances locales, ou aux époques où on en a commencé l'uſage.

nomme en Bourgogne *le Ballot.* Quelquefois on ne la ſépare point, pour la conſerver avec ce grain.

On peut comparer cette méthode de conſervation, à celle du froment gardé dans la balle & la petite paille. On aſſure que le *ballot* a la propriété d'entretenir dans les couches du grain où il ſe trouve interpoſé, une ſorte de froid avantageux. On croit même avoir remarqué que c'étoit le moyen de conſerver au *Maïs* ſon goût de fruit : il ſeroit queſtion alors de ne le vanner, qu'au moment de s'en ſervir ou de le vendre.

Mais, à dire vrai, le *ballot* me paroît être une pellicule trop mince & trop légere, pour produire un pareil effet : elle eſt d'ailleurs infiniment moins abondante que la petite paille du froment. Au reſte, cette méthode de conſervation, très-ſimple par elle-même, a été pratiquée avec ſuccès par un Bourguignon, qui m'a mandé avoir gardé ainſi du *Maïs* pendant quatre ans, ſans qu'il eût éprouvé la plus légere altération, quoique pendant l'hiver la neige ait pénétré dans le grenier, & qu'elle ait fondu près du tas, qui n'en a reçu aucun dommage. Peut-être cet avantage eſt-il dû auſſi à toute autre cauſe, qui aura échappé à l'Obſervateur.

Maïs *en tas.*

Dès que le *Maïs* eſt égrené & vanné, on le porte au grenier, où il reſte juſqu'au moment de l'envoyer au Marché pour le vendre, ou au moulin pour le moudre : mais quelque ſec qu'on le ſuppoſe, il faut le ſoigner, ſans quoi il ſe détériore, au lieu de ſe bonifier.

Le *Maïs* mis en couche au grenier, demande donc à être remué de temps en temps avec une pêle, afin de le faire paſſer ſucceſſivement d'un lieu dans un autre, en le rafraîchiſſant par de l'air nouveau. Il ſeroit même poſſible de donner plus d'activité à cet air, en ménageant dans le magaſin des ventouſes, en pratiquant des ouvertures aux extrêmités, & de petites fenêtres très-multipliées du côté du nord, & en ſe ſervant du jeu des ſoufflets, comme l'a propoſé M. *Duhamel.* Ce n'eſt enfin qu'en entretenant le plus de froid & de ſécheresse dans le grenier, qu'on viendra à bout de conserver long-temps le *Maïs* (1).]

Maïs *en sacs isolés.*

Le sécheresse naturelle du *Maïs*, celle qu'il acquiert à mesure qu'il s'éloigne de l'époque de sa moisson, & le peu de dispositions qu'il a, comparativement aux autres grains, de se charger de l'humidité répandue dans l'atmosphere; toutes ces circonstances, en un mot, prouvent que les ennemis les plus à craindre dont il faille préserver le *Maïs*, ce sont les insectes, si redoutables à cause de leur petitesse, de leur voracité & de leur prodigieuse multiplication. Pour les combattre avec succès, il faut leur interdire l'entrée du grenier, en fermant les portes & les fenêtres, en y entretenant toujours une très-grande propreté, en choisissant, autant qu'on le peut, le local le plus sec, & le plus au Nord, parce que là où il n'y a ni chaleur ni humidité, il n'y a aussi ni fermentation ni insectes à appréhender.

Mais si ces précautions, souvent insuffisantes, quelquefois impraticables, mettent en défaut tous les soins qu'on prend pour conserver le *Maïs*, ne pourroit-on pas atteindre à ce but d'une maniere plus efficace, en renfermant ce grain dans des sacs, en évitant de placer ces sacs auprès des murs, ou de les

(1) On sait combien les anciens, pour se préserver de tout événement fâcheux, s'occupoient dans les temps d'abondance, de se ménager des armes contre la disette. Ces citernes, ces creux souterrains, ces puits profonds, imaginés pour conserver les grains & les mettre à l'abri de toute incursion, tenoient lieu également de greniers aux habitans du nouveau monde, pour conserver le *Maïs* jusqu'au moment d'en faire usage. Ainsi outre la méthode de suspendre le *Maïs* en faisceaux à de grandes fenêtres, & celle de les renfermer dans de petits bâtimens isolés dont nous avons décrit la construction, les Naturels de l'Amérique en emploient encore une autre qui n'est pas moins bien réfléchie. Ils battent communément le *Maïs* aussi-tôt après la moisson. Ils l'exposent ensuite sur des nattes au soleil, pour achever sa dessication, & le renferment après cela dans des fosses profondes, pratiquées dans un terrain sec, dont le fond & les parois sont revêtus d'écorce & d'herbes seches. C'est sur-tout pendant la guerre, que cette derniere méthode est adoptée. Un chef de famille a plusieurs fosses de cette espece, afin que si l'ennemi en découvre une, les autres puissent être sauvées. Elles servent encore quand une famille va chasser pendant six mois. Le *Maïs* s'y conserve très-bien plusieurs années, soit en épi, soit en grain.

entaſſer les uns ſur les autres, & en les iſolant autant qu'on le pourroit, afin que l'air circulant tout-au-tour, pût entraîner avec lui l'humidité qui tranſſude perpétuellement de l'intérieur, & établit dans ces petites maſſes ainſi diviſées, une ſéchereſſe & une fraîcheur, qui mettroient les parties conſtituantes du *Maïs* dans une inertie abſolue? Il n'exiſte pas d'ailleurs de moyens plus ſalutaires, pour mettre ce grain à l'abri de la pouſſiere & des ravages des chats, des rats, & autres animaux deſtructeurs. Nous aurons encore l'occaſion d'en faire ſentir les avantages, lorſqu'il s'agira de la conſervation du *Maïs* en farine.

ART. V.

Conſervation du Maïs *en farine.*

Dans le nombre des moyens adoptés pour conſerver le *Maïs* en farine, la plupart ſont défectueux. Les uns la répandent en couches tout ſimplement, ſur le plancher d'un grenier, ouvert de toutes parts; les autres la mettent dans des tonneaux défoncés, ou des caiſſes mal fermées & poſées ſur un ſol humide. Enfin il y en a, & ce ſont les plus raiſonnables, qui en rempliſſent des ſacs. Mais en plaçant ces ſacs les uns ſur les autres, ou à côté des murs dans l'endroit de la maiſon le moins propre à la conſervation, ils ne retirent aucun fruit de leurs ſoins. Faut-il s'étonner après cela, ſi la farine de *Maïs* perd en très-peu de temps de ſes qualités, & qu'elle paſſe pour ne pouvoir ſe conſerver que quelques mois?

Attention préalable à la mouture du Maïs.

[Nous avons indiqué les précautions à employer avant d'égrener le *Maïs*; elles ſont les mêmes lorſqu'il s'agit de moudre ce grain : c'eſt-à-dire, que lorſqu'il eſt ſéparé de l'épi, il faut qu'il ſoit expoſé à l'air du grenier ou à l'ardeur du ſoleil, ou bien à la chaleur d'une étuve ou d'un deſſus de four; ſans quoi la partie enchaſſée dans chaque loge, conſervant encore une certaine humidité, la mouture ne s'en feroit que très-déſavantageuſement, les meules pourroient s'engrapper, & les Bluteaux ſe graiſſer. Il reſteroit alors de la farine dans

dans le ſon, & elle ne ſeroit pas d'une conſervation auſſi facile. Il eſt donc important que cette portion naturellement molaſſe, dans laquelle réſide le germe, ſoit parfaitement ſéchée avant d'envoyer le *Maïs* au moulin.

S'il eſt néceſſaire que le *Maïs* ſoit préalablement dépouillé de ſon humidité ſurabondante, ſur-tout s'il a été égrené après la récolte, & qu'il n'y ait pas long-temps que cette opération ait été faite, il ne faut pas que cette deſſication ſoit pouſſée trop loin, parce qu'alors l'écorce du *Maïs*, déjà dure & caſſante par elle-même, ſe briſeroit en miettes ſous les meules, & la totalité du grain ſe trouveroit convertie en une farine piquée, rude au toucher, & dont les préparations manqueroient de ce coup-d'œil & de cette ſaveur qui caractériſent celles du *Maïs*.

Nous ne pouvons encore nous diſpenſer de déſapprouver l'uſage adopté en quelques endroits du Royaume, d'envoyer moudre à la fois pluſieurs eſpeces de grains, dont la nature, la configuration & le volume étant entierement différens, exigent chacun une mouture particuliere : jamais ils ne peuvent former une farine auſſi bonne & auſſi abondante, que ſi les mêmes grains euſſent été écraſés ſéparément. Il faut donc toujours moudre à part le *Maïs*, quoiqu'on ait l'intention de mêler enſuite ſa farine avec celle des autres graines. Ce que je dis ici de ce grain, s'applique naturellement au ſeigle & à l'orge qu'on mélange quelquefois avec le froment, pour n'en faire qu'une ſeule mouture. Cette pratique défectueuſe, produit encore une perte de temps conſidérable ; ainſi le Meûnier & le Particulier ont le plus grand intérêt à la rejeter.

Mouture du Maïs.

Il en eſt du *Maïs*, comme du froment, qui, compoſé de parties tendres & de parties dures, ne ſauroit être broyé par un ſeul & même moulage : il faut donc néceſſairement qu'il y en ait qui échappent à la premiere trituration, tandis que les autres ſe trouvent trop écraſées ; à moins cependant que les meules extrêmement rapprochées, & le moteur très-conſidérable, ne réduiſent tout d'un coup la totalité du grain à un même dégré de ténuité : mais alors qu'arrive-t-il? La farine blanche & la farine bise, le petit & le gros son, tout est confondu, comme on le voit dans les forts moulins, mal montés & conduits sans intelligence.

Ne pouvant me transporter dans les cantons à *Maïs*, pour juger par moi-même des vices de mouture ou de bluterie, j'ai cru, à ce défaut, devoir me procurer une certaine quantité de farine des différens endroits réputés pour la savoir bien préparer. J'ai fait venir également du *Maïs* en grain, pour comparer ensuite les produits de mouture que j'obtiendrois. Ce parti m'a paru d'autant plus sage, que dans cette circonstance j'avois l'assurance d'être aidé des lumieres de M. *Drancy*, Ingénieur du Roi, à qui nous avons l'obligation des plus beaux moulins qui existent dans le Royaume. L'Académie ne peut sans doute qu'applaudir au choix que j'ai fait. Ce Méchanicien estimable que je viens de nommer, est déjà connu sous des titres avantageux par sept moulins qu'il a construits en Gascogne, dont quatre sur l'*Adour*, & trois sur le *Lous*, dans les terres de feu M. le Marquis de Poyanne.

La farine de *Maïs*, telle qu'elle est préparée dans nos Provinces, quoique plus belle que celle qu'on fait en Amérique (1), est toujours jaune, grossiere,

(1) La mouture des grains a été, comme toutes les inventions humaines, très-imparfaite à son origine. On remarque même que ces inventions ont fait des progrès d'autant moins rapides, qu'elles étoient d'une utilité plus directe. C'est ainsi, par exemple, que l'art de la Porcelaine est plus avancé, parmi nous, que celui de moudre les grains, & de bluter leur farine. Je ne rapporterai point ici tous les passages des Auteurs, relativement à la méthode que suivoient les habitans du Nouveau Monde pour broyer le *Maïs*; l'instrument dont ils se servoient, ressembloit à peu-près à celui de nos premiers parens, des mortiers & des pilons, ou bien des pierres posées les unes sur les autres. Les Sauvages de l'Amérique n'ont encore rien imaginé de mieux, à cet égard. Le métier pénible de faire mouvoir ces pierres, a été autrefois, en Europe, le partage de ceux que la Loi ou la misere forçoient à cet emploi. Chez les Indiens, c'étoit l'ouvrage des femmes. Elles écrasoient, à force de bras, le *Maïs*, comme les Broyeurs de couleurs, ou les Fabriquans de chocolat. Cette opération s'exécutoit à mesure qu'il s'agissoit d'apprêter le repas journalier. Chaque famille préparoit ainsi sa provision; & ce prétendu moulin étoit par conséquent l'ustensile le plus essentiel du ménage. Quelquefois on chauffoit les pierres, pour faire éprouver au grain une sorte de grillage, & accélérer sa division. D'autres fois ils le cuisoient, & y ajoutoient de l'eau pour en former des pâtes, à mesure qu'il se trituroit. Dès que le *Maïs* étoit écrasé, on le jetoit sur

plus ou moins rude au toucher. Ce défaut vient, ſuivant l'obſervation de M. *Drancy*, de ce que la diſtance entre les deux rayons des meules eſt trop profonde. Les meules tendant toujours à approcher, au lieu de moudre le grain, le coupent, & ne donnent pour réſultat qu'une farine courte, piquée & dure, dans laquelle tout eſt confondu.

Indépendamment de ce défaut dans la mouture, le frottement violent des deux meules les fait uſer bientôt, occaſionne une chaleur conſidérable, & ajoute à la farine une pouſſiere étrangere.

Les meules, en Gaſcogne, ſont de grais, peu ardentes, & n'ont aucuns trous. C'eſt pour cela, que leurs rayons commencent à l'extrêmité de la meule juſqu'au centre. L'inconvénient de ces rayons, c'eſt que le grain (1) de la meule a plus d'une ligne de profondeur; de maniere que, les meules ſe touchant, il y a trois lignes de diſtance d'un grain de meule à l'autre: d'où il ſuit que, moyennant cette diſpoſition, il eſt impoſſible de faire des farines bien affleurées.

Ce ſont ces raiſons, & tant d'autres que je ne puis ni ne dois développer ici, qui ont déterminé M. *Drancy* à faire des recherches, pour perfectionner les plus utiles & induſtrieuſes machines que l'homme ait imaginées. On peut dire que ce n'eſt point ſans ſuccès; & le public ne tardera point à jouir du travail qu'il prépare, pour procurer à l'art de moudre, & à toutes ſes branches, la ſimplicité & les autres avantages déſirés.

Expériences de mouture.

Il convient de rendre compte des expériences que j'ai faites dans différens

une toile de coton, qu'on ſécouoit. La partie la plus tenue de la farine s'y attachoit, & le ſon, comme plus léger, venant à la ſurface, étoit ſéparé. Mais depuis que les Européens ont fait connoître aux Indiens les moulins à bras, & qu'ils ont introduit parmi eux des tamis, ils retirent du *Maïs* une farine moins piquée, plus pure, & infiniment mieux blutée.

(1) On appelle le grain, la partie d'entre les deux rayons où portent les coups de marteau, formant, ſur cette partie, une ſorte de grainure, à peu-près ſemblable à une forte lime.

moulins, pour obtenir, des différentes qualités de *Maïs*, les especes de farine que ce grain pouvoit fournir. Non que je les regarde comme décisives : car lorsqu'il s'agit d'établir des regles, & d'asseoir des bases, on ne sauroit trop varier & multiplier les essais, ainsi que les objets de comparaison. La plus légere inattention sur le point le plus indifférent, donne lieu souvent à des erreurs préjudiciables à la qualité des matieres, & à l'intérêt des particuliers. Mais j'espere que mes tentatives en détermineront d'autres plus heureuses.

PREMIERE EXPÉRIENCE.

J'ai pris deux boisseaux de *Maïs*, tels qu'ils se trouvent dans le commerce à Paris, & qui est tiré de la Flandre-Autrichienne. J'ai fait moudre ce grain à St. Denis, par le sieur *Egret*, Meûnier intelligent : j'en ai obtenu une farine plus blanche & plus fine que celle préparée dans le même Pays. Elle avoit l'apparence de la farine, dite *troisieme*, de gruau, de la mouture économique ; mais il en résulta peu de son, parce que ce moulin étoit nouvellement rhabillé, ou rebattu, que la mouture avoit été finie sans bluter, & que d'ailleurs la quantité de grain étoit si peu considérable, qu'à peine le moulin avoit pu être affleuré.

DEUXIEME EXPÉRIENCE.

La farine de l'expérience précédente n'ayant aucun des caracteres de celle qui se prepare dans nos Provinces, je craignis qu'il ne fût resté dans l'engrais des meules & les archures du moulin, de la farine de froment, & que ce ne fût à cette addition que la farine de *Maïs* dût son toucher doux & sa couleur plus blanche que jaune, ou bien encore que le grain dont je m'étois servi, fût moins coloré que celui dont on avoit préparé la farine de commerce. Je pris le parti de faire piler dans un mortier une certaine quantité de cette farine, & de la passer par un tamis de soie ; le résultat fut absolument semblable à celui de ma mouture forcée ; c'est-à-dire, que la farine avoit perdu sa couleur jaune, en partie, & étoit d'un gris-blanc, & d'une plus grande ténuité.

TROISIEME EXPÉRIENCE.

Dans la crainte que le *Maïs*, pris en grain ou en farine chez nos Marchands, n'eût passé au four dans le pays d'où on le tiroit, j'attendis le résultat de ma récolte, pour le moudre aussi-tôt, afin de connoître en même-temps l'effet de ce grain nouveau au moulin. J'ai même cherché à m'en procurer, & à ajouter à ma moisson la quantité qu'il m'en falloit, afin de faire plus complétement mon expérience. Instruit que M. *de Beaujon* avoit employé le *Maïs* à border des plate-bandes dans sa charmante chartreuse, je n'eus besoin que de faire connoître à ce Citoyen respectable & bienfaisant, qui fait un si heureux emploi de sa fortune, le but du travail auquel je me livrois, pour être bientôt en état d'exécuter l'essai que je projetois. Je fis donc porter, dans un de nos moulins, quatre boisseaux environ de *Maïs*, pesant ensemble soixante-douze livres : la mouture s'en fit avec assez de succès ; mais il se trouvoit dans le mélange, du *Maïs* jaune & du *Maïs* blanc, venu dans des terrains & à des expositions différens. Cela, joint à un oubli de la part du Garde-Moulin, m'ont empêché de compter sur l'exactitude des produits, d'ailleurs aussi parfaits qu'ils pouvoient l'être dans un moulin dont les meules étoient nouvellement rhabillées, & mues par un moteur très-considérable.

QUATRIEME EXPÉRIENCE.

Pour juger l'effet d'un petit moulin, dans lequel le *Maïs* avoit servi d'engrenage, j'eus recours à celui de *M. Drancy*. Trente-quatre livres de ce grain donnerent les résultats suivans, savoir :

Premiere farine	10 liv.	
Gruau	10 liv. $\frac{1}{4}$	
Recoupettes	10 liv. $\frac{1}{4}$	34 livres.
Recoupes	2 liv. $\frac{1}{4}$	
Gros son	$\frac{1}{4}$	

CINQUIEME EXPÉRIENCE.

M. le Comte *de Guibert*, Gouverneur de l'Hôtel Royal des Invalides, dont les vues de bien ſe portent, avec la même activité, ſur tous les objets, a bien voulu me faire venir de Montauban, de la farine de *Maïs*, provenant de ſa campagne, & qui avoit été moulue dans les environs : elle étoit ſupérieure à tout ce que j'avois vu juſqu'à préſent en ce genre. Je l'ai fait bluter une ſeconde fois à Paris. J'ai d'abord obtenu dix-ſept livres de farine, dont la couleur jaune ſe trouvoit diminuée de moitié ; les gruaux reſtans, portés ſous les meules, m'ont donné ſix livres de farine d'une nuance jaune, également plus claire, ſans que les ſeconds gruaux en fuſſent appauvris. Ils auroient même été convertis tous en farine, ſi la quantité, plus conſidérable, eût permis de les remoudre.

SIXIEME EXPÉRIENCE.

M'étant procuré du *Maïs* blanc de Bourgogne, qui provenoit de la derniere récolte, j'ai cherché à voir comment ce grain ſe comporteroit ſous les meules, comparativement au *Maïs* jaune de la même Province. J'ai prié, en conſéquence, le ſieur *Thiecot* au Tillet, l'un de nos meilleurs Meûniers, de préparer un de ſes moulins, pour faire, avec l'exactitude dont il eſt capable, l'expérience que je déſirois. Les produits qu'il a obtenus de vingt-ſix livres de *Maïs*, ſont :

Premiere farine	8 liv. ½	26 livres.
Seconde	7 liv. ½	
Remoulage	6 liv. ½	
Gruaux & Recoupes	½	
Son	1 liv.	
Déchet	2 liv.	

SEPTIEME EXPÉRIENCE.

Je n'ai point voulu terminer cette ſuite d'eſſais de mouture, ſans chercher à connoître la maniere dont les meules exerçoient leur action ſur le *Maïs* ſéché au four. J'en fis venir de Bourgogne ; & je l'adreſſai au même Meûnier pour en retirer les produits, sans changer la maniere dont le moulin étoit monté. Il remarqua que la mouture s'en fit beaucoup plus promptement. Voici les résultats qu'il obtint de vingt-neuf livres de *Maïs*.

Premiere farine	11 liv.	29 livres.
Seconde	8 liv.	
Remoulage	8 liv.	
Recoupes & Gruaux	1 liv.	
Son	$\frac{1}{2}$	
Déchet	$\frac{1}{2}$	

Observations sur les expériences de mouture.

Il résulte des expériences que nous venons de rapporter, que le *Maïs* jaune donne une farine, d'autant moins colorée, qu'elle a acquis plus de finesse sous les meules, & que les déchets sont toujours en raison de la force des moulins, de la sécheresse des grains, & de leur quantité à moudre; qu'en appliquant à celui-ci les procédés de la mouture finie ou à blanc, on peut en tirer, comme du froment, plusieurs especes de farine, & un son aussi-bien fini : mais comme, dans des expériences de ce genre, il n'est guere possible de prononcer, vu les petites quantités de grain que nous avons employé, & la grandeur des moulins où il a été moulu, nous estimons, M. *Drancy* & moi, que les produits doivent être conformes au tableau ci-après.

État des produits de cent livres de Maïs *moulu par la meilleure méthode.*

Premiere farine	36 liv.
Gruaux 53 livres, qui, après avoir passé deux fois sous les meules, doivent produire 50 livres de farine	50 liv.
Recoupes	3 liv.
Gros son	10 liv.
Déchet	1 liv.
Poids égal à celui du *Maïs*	100 liv.

On conçoit que ces produits doivent être fusceptibles de quelques variations; mais ils font toujours plus confidérables, que ceux qu'on obtient dans les Provinces: car en examinant les Mémoires qui m'ont été adreffés, je vois que le *Maïs*, le plus parfaitement moulu, rend dans certains endroits, affez ordinairement, les trois quarts de fon poids en farine, & le refte en fon; que dans d'autres, où la mouture eft moins parfaite, il fe trouve autant de fon que de farine; qu'enfin, il y en a quelques-uns où le fon fe trouve tellement atténué, qu'il paffe à travers les bluteaux. Alors ce produit eft réduit à très-peu de chofe: mais dans l'une & l'autre circonftance, il y a toujours du fon dans la farine, ou de la farine dans le fon.

Il ne faut que voir la texture du *Maïs*, pour juger, tout d'un coup, que fon écorce doit être moins abondante que dans le froment. D'abord le grain eft plus volumineux; il n'a point de repli ou de rainure comme le froment, & fon écorce eft beaucoup plus mince. Ainfi le fon du *Maïs* ne doit point fe trouver dans la même proportion que celui du froment; & en le portant à un dixieme, c'eft le ramener à fon véritable état d'écorce.

Mais, je le répete, les produits du *Maïs* doivent varier à raifon des récoltes, des climats, de la force des moulins, de la maniere dont les meules font montées, rhabillées & mues, & fur-tout du rayonnement des meules. Nous ajouterons aux obfervations que nous avons déjà faites, celles qui font relatives à cet objet; & fi on n'en tire point un parti auffi avantageux pour le *Maïs*, elles deviendront de la plus grande utilité pour la mouture du froment.

Du Rayonnement des Meules.

Pour parvenir à faire une mouture parfaite, il faut, fuivant l'obfervation de *M. Drancy*, que les rayons des meules foient conformes au Plan joint à cet ouvrage; que l'inclinaifon des rayons de la meule courante, fuive fon mouvement de rotation; que ceux de la meule giffante foient inclinés en fens contraire, afin que les meules, en tournant, produifent l'effet des cifeaux. La meule giffante doit être parfaitement droite, & la meule courante concave

concave d'environ trois lignes, depuis l'ouverture du trou, dit l'*Œillard*, en venant à rien jusqu'au milieu du demi diametre, que l'on appelle *entrepied.* C'est à cet endroit où le grain commence à se moudre. On distingue dans les meules les rayons & les grains. Le rayon doit avoir un pouce de large, & être toujours luisant par le frottement des deux meules. Le grain doit avoir trois pouces de largeur à l'extrêmité des meules, & être si peu profond, que si l'on pose une regle sur les deux rayons, avec une feuille de papier entre la regle & le grain, elle n'en puisse être arrachée sans se déchirer. Lorsque le grain devient luisant, les meules sont réputées grasses, il faut les rebattre, ce que les Meuniers appellent *rhabiller les meules.* Le grain doit aller en enfonçant, depuis l'extrêmité des meules jusqu'à *l'œillard.*

Il ne faut pas se servir de marteaux pointus pour rhabiller les meules : ils doivent être dans la forme de ceux dont on se sert pour battre les faulx, mais du double plus larges.

Examen de la farine de Maïs.

Si, dans un grain de *Maïs*, les parties constituantes sont, pour ainsi dire, chacune à part, elles se trouvent confondues dès que ce grain a passé sous les meules ; & l'état de division où elles se trouvent, présente une maniere d'être tout-à-fait différente.

Il ne nous reste plus, pour compléter l'analyse du *Maïs*, que de voir, comme nous l'avons déjà annoncé, si la matiere glutineuse, contenue privativement dans le froment & l'épeautre, se trouveroit également dans notre grain.

Pour cet effet, j'ai formé, avec la farine de *Maïs*, & suffisante quantité d'eau froide, une pâte d'une consistance molle, laquelle, malaxée long-temps, n'a pu acquérir de liant ni de ténacité. Je l'ai traitée néanmoins à l'instar de la farine de froment, sans rien rencontrer de glutineux & d'élastique.

Comme l'eau bouillante donne à la pâte de farine grossiere de *Maïs*, plus de continuité, j'ai cru, qu'en l'employant dans cet état, je parviendrois à avoir plus facilement ce que je cherchois : mais inutilement ; il ne m'eſt reſté dans les mains aucune ſubſtance glutineuſe.

La farine de *Maïs*, extrêmement diviſée ſous les meules, n'exigeant point que l'eau ſoit bouillante pour acquérir une forte de ténacité, j'ai choiſi cette farine de préférence pour continuer mes recherches. J'ai examiné également celle qui provient du *Maïs* blanc : mais, dans tous ces cas, je n'ai pu rien obtenir qu'on pût raiſonnablement comparer à la ſubſtance glutineuſe du froment.

Qualités de la farine de Maïs.

On eſt aſſez généralement perſuadé, que les moulins à bras conſervent au *Maïs* ſa ſaveur naturelle, tandis que les moulins qui vont fort, la détériorent. Auſſi, dans la plupart des grands moulins, y en a-t-il un plus petit deſtiné particulierement pour la mouture de ce grain. Mais le ſon ſe trouve-t-il mieux détaché & ſéparé de la farine ? Non ſans doute ; & dans les petites dimenſions, les défauts ſont toujours au *prorata* de leur force.

Je ne révoquerai cependant pas en doute cette obſervation, ſur laquelle des expériences ultérieures fixeront les idées. Il ſuffit de remarquer, pour le moment, que ſi les farines ont d'autant plus de ſaveur qu'elles ſont plus groſſieres, cet avantage diſparoît enſuite par les inconvéniens qui réſultent de leur emploi en cet état. J'avouerai même que tout zélé partiſan que je ſois, de la méthode de moudre & de remoudre, il me paroît qu'on a pouſſé trop loin le nombre des remoutures, & que M. *Drancy*, en cherchant à les reſtraindre à trois au plus, rendra un ſervice important à l'art, quand bien même il reſteroit dans le ſon, une livre ou deux de farine biſe par ſeptier de froment.

On ſe plaint aujourd'hui à Paris, & ce n'eſt pas ſans fondement, que le pain n'a plus autant de ſaveur qu'autrefois, quoique les blés, avec leſquels on les fabrique, ſoient de la même qualité, & que toujours ils aient la réputation d'être ſupérieurs à ceux récoltés dans d'autres Provinces que la Beauce & la Brie. Il étoit décidé que la manie du ſiecle, qui donne tout au coup d'œil, s'exerceroit également ſur la nourriture principale. Ainſi, pour faire acquérir au pain de la blancheur, de la légereté, & le réduire en petite masse, il a bien fallu employer plus d'eau dans sa composition, tenir la pâte bien molle, & se servir de levains extrêmement *jeunes*, ce qui a augmenté d'autant la fadeur du pain: mais une autre cause qui n'influe pas moins sur l'insipidité de cet aliment, dans les endroits où on ne sauroit y ajouter du sel, à cause de sa cherté, c'est la mouture, dont l'action plus ou moins vive, se porte particulierement sur la substance du grain, qui sert, pour ainsi dire, d'assaisonnement au pain. Or, les locations de moulins étant devenues excessives, les Meûniers ont cherché à faire usage de toute l'impétuosité du moteur, & à rapprocher encore davantage les meules pour expédier plus de grain à la fois, sans considération pour la qualité des farines qu'ils échauffent & dénaturent. S'il est donc désavantageux de ne moudre qu'une seule fois, comme dans la mouture à la grosse, il ne l'est pas moins dans la mouture économique, de trop multiplier le nombre des remoutures, parce que le blé & ses produits ne sauroient éprouver le poids énorme des meules, & leur rotation, sans contracter un degré de chaleur qui détériore les principes, & sur-tout la matiere glutineuse qui subit à chaque mouture un commencement de décomposition; ce qui doit suffire pour prouver combien on doit être en garde contre ces grands moulins, dont les meules tournent si rapidement, qu'elles parcourent leur cercle plus de cent fois par minute, & occasionnent, dans tous les temps, & avec toutes sortes de blés, une chaleur, telle qu'à peine la main est en état de la supporter; contre les Meûniers, plus occupés de la quantité des grains qu'ils écrasent, que de la qualité des farines qu'ils obtiennent; enfin, contre la mouture économique elle-même, qui, toute perfectionnée qu'elle soit de nos jours, au lieu de restraindre le nombre des remoutures, semble vouloir encore les augmenter en les portant jusques à six. C'est ainsi qu'en voulant éviter un défaut, on tombe dans un autre plus considérable.

Je dirai donc au Meûnier, chargé de moudre le *Maïs*: que la farine soit plus ou moins jaune & fine, peu importe à la qualité des résultats; mais faites en sorte que le son soit le plus léger, le plus large, le mieux écuré possible, parce qu'alors il ne pourra plus passer à travers les bluteaux les plus clairs, ni contenir de farine. Songez fur-tout que c'eft dans cette extraction complette du fon, que réfide toute la perfection de votre art.

Une regle générale qu'on peut établir, concernant l'état de divifion où l'on doit amener le *Maïs*, fans préjudicier à fes qualités, dépend de l'efpece de préparation à laquelle on a deffein de la foumettre. Il faudroit que ce grain ne fût que concaffé, quand il s'agit de le deftiner à des potages; plus divifé au contraire, lorfque l'on veut en préparer de la bouillie; enfin, que la farine fût auffi fine qu'il eft poffible, pour en fabriquer du pain, foit pur, foit mêlangé avec les autres farineux.

Defféchement de la farine de Maïs.

L'humidité étant reconnue comme un des principaux inftrumens de l'altération des farines, nous avons dit qu'il n'y avoit que l'air ou le feu capable de la fouftraire, ou de la combiner de maniere à en prévenir les fuites. Ces deux élémens produifent, il eft vrai, un effet à-peu-près femblable, mais un peu différemment. Il feroit trop long de développer l'action de chacun : nous voyons à regret que cet Ouvrage paffe déjà les bornes que nous nous étions impofées en le commençant.

Farine de Maïs *expofée au feu.*

J'ai expofé pendant trois jours, au-deffus des fours de l'Ecole de Boulangerie, dont la chaleur ordinaire eft de 40 à 50 degrés, huit livres de farine de *Maïs*; & après l'avoir pefée, encore toute chaude, il s'eft trouvé qu'elle avoit perdu dix onces.

Cette farine defféchée, a été divifée en deux parties égales; l'une mife dans une corbeille au grenier, à l'air libre; l'autre, dépofée dans le même endroit, mais renfermée dans un petit fac. La premiere a repris, au bout de quinze jours, les trois quarts du poids qu'elle avoit perdu au four; la feconde, au contraire, n'en a repris que la moitié.

Si, par une circonstance particuliere, la farine de *Maïs* avoit contracté une légere odeur de renfermé, un peu d'humidité, ou qu'on ne fût pas disposé à l'employer sur le champ, ou bien encore qu'à défaut d'autres, on voulût la conserver, ou la transporter même au loin, il faudroit recourir au feu, avec d'autant plus de sécurité, que cet agent n'altere pas la farine de *Maïs* comme celle de froment, à cause de l'absence de la matiere glutineuse, qui souffre toujours, plus ou moins, par cette dessication brusquée : mais après que la farine est refroidie, il faut se hâter de la mettre à l'abri de l'air libre.

Pourquoi ne pas se ménager toujours, au-dessus du four, une espece de chambre, dût-on, comme chez beaucoup de nos Boulangers de Paris, placer le brasier en dessous du local, en le faisant égaliser & carreler, en élevant les murailles de six pieds, en prolongeant les *ouras* par le moyen de tuyaux de poêle ? On auroit l'avantage de se procurer une étuve évidemment économique, dans laquelle les grains trop nouveaux, trop humides, ou naturellement gras, donneroient, après vingt-quatre heures de dessication, une farine plus abondante, plus parfaite & plus susceptible de conservation.

Farine de Maïs *exposée à l'air.*

J'ai exposé à l'air libre six livres de farine de *Maïs*, que j'avois fait moudre, & que j'ai portée dans un grenier, élevé & fort sec. La température de l'atmosphere étoit à 12 degrés au-dessus de *zero.* Au bout de quinze jours, elle avoit perdu une demi-once.

Six livres de farine, abandonnées à l'air le même jour, & pendant autant de temps, mais dans un local bas & fort humide, ont augmenté de six gros.

Au lieu d'abandonner la farine à l'air, je l'ai renfermée dans des sacs d'une toile assez serrée, & dont je connoissois le poids. Ces deux sacs étant placés, l'un dans le grenier élevé, & l'autre au rez de chaussée, il en est résulté que, toutes choses égales d'ailleurs, le déchet a été presqu'aussi considérable, & l'augmentation moindre.

D'après ces expériences, que j'ai eu occasion de varier & de multiplier sur la farine de froment, il est constant que la farine de *Maïs* augmente, ou acquiert du poids à raiſon du local, des ſurfaces qu'elle préſente, & de l'état de l'atmoſphere ; mais que cette alternative d'augmentation ou de diminution, eſt moins ſenſible, quand la farine eſt renfermée dans des ſacs diſpoſés & arrangés, comme nous allons l'expliquer.]

Farine de Maïs *en ſacs iſolés.*

Renfermer la farine de *Maïs* dans des ſacs, eſt ſans contredit la meilleure méthode pour la conſerver long-temps en bon état : mais iſoler ces ſacs de maniere qu'ils ne ſe touchent par aucuns points de leurs ſurfaces, & qu'ils laiſſent entre eux aſſez de vuides, pour permettre à l'air de circuler librement, d'entretenir du froid & de la ſéchereſſe dans le grenier, eſt une perfection ajoutée à cette méthode, que nous devons à M. *Brocq*, Directeur de l'Ecole de Boulangerie.

Il eſt inconteſtable, d'après ce qui ſe pratique dans les grandes Adminiſtrations à Paris, que la farine de froment ſe conſerve au moins auſſi aiſément que le grain d'où elle provient ; & en effet, elle a déjà acquis une forte de ſéchereſſe, en ſubiſſant l'action des meules. L'écorce ou le ſon qui en accélere le dépériſſement, en eſt extrait ; & cette partie organique, le germe qui ſemble ſe révivifier au retour du printems, n'eſt plus à redouter dans ſes effets : elle eſt abſolument détruite au moulin. D'ailleurs, la farine devient, avec le temps, ſeche, moelleuſe, d'un travail plus facile au pétrin, & ſuſceptible de fournir davantage de bouillie & de pain. Enfin, c'eſt encore le moyen d'éviter cette diſette momentanée, que fait naître, au ſein même de l'abondance, le chômage des moulins.

Tous ces faits, la plupart applicables au *Maïs*, m'autoriſent à croire, que quand ce grain a été récolté ſec dans les champs, qu'il a reſſué au grenier, qu'il a été égrené au temps convenable, & moulu ſelon les bons principes, l'expérience, l'obſervation & le raiſonnement réclament en faveur de ſa conſervation en farine, renfermée dans des ſacs propres, écartés des murs, iſolés les uns des autres, & placés dans l'endroit le plus ſec & le plus froid du bâtiment.

Objection contre les sacs isolés.

La dépense primitive des sacs, leur entretien & leur emplacement, exigeront nécessairement des frais indispensables, que l'on peut s'épargner en abandonnant les grains ou les farines en couches ou en tas, à la maniere ordinaire.

RÉPONSE.

Ne faut-il pas toujours un certain nombre de sacs pour le transport au marché, au moulin & au grenier ? Croit-on qu'en les vuidant, les remplissant & les entassant les uns sur les autres, on ne les use pas beaucoup plus vîte qu'en les laissant debout, & sans les toucher ? D'ailleurs l'achat des sacs se trouvera amplement compensé par les avantages précieux de mettre la farine à l'abri de l'air humide, de la poussiere qui tombe du plancher, des ordures qu'apportent les Ouvriers, les chats, les rats, & particulierement les insectes qui s'y introduisent & s'y multiplient. Tous ces corps étrangers, qui occasionnent des déchets ou des frais de main-d'œuvre, détériorent encore la denrée. Quant à l'emplacement pour loger les sacs isolés, il exigera une étendue de magasin moins considérable.

Nous croyons donc que les habitans de la campagne, qui souvent n'envoient leur *Maïs* au moulin que deux fois par mois, dans l'opinion où ils sont que la farine ne peut se conserver plus long-temps, & que passé ce terme, elle prend de l'âcreté, la garderoient bien au-delà, même dans la saison la plus chaude, s'ils en séparoient le son peu après sa mouture, & qu'ils fissent usage du moyen simple que nous proposons. C'est celui de la nature ; il n'entraîne ni embarras, ni soins, ni dépenses. Enfin j'ose assurer, d'après mes propres expériences, qu'il prévient tous les inconvénients, & qu'il produit tous les effets désirés.

CHAPITRE III.

Des différens emplois du Maïs.

IL ne fera peut-être pas hors de propos, avant de parcourir le cercle des ressources, que les hommes & les animaux peuvent trouver dans le *Maïs*, d'établir d'une maniere incontestable les effets salutaires de ce grain, sous quelque forme qu'on en fasse usage.

Nous n'entreprendrons point de discuter ici si la nourriture que fournit le *Maïs*, est, comme l'ont dit les Voyageurs Espagnols, de nature seche ou humide, chaude ou froide, toutes expressions vagues que les Phisiologistes Modernes ont bannies de leur langage.

Il ne feroit pas moins difficile de décider ici si cette nourriture est plus substantielle, & donne plus de vigueur que le froment; soit habitude, soit par un goût particulier, il est certain que dans les campagnes de quelques-unes de nos Provinces, on est porté à préférer le *Maïs* au blé, lors même que le prix en est égal; & que d'après les témoignages les plus authentiques & les plus respectables, l'aliment qu'on en prépare est sain & bienfaisant.

Les potages & les bouillies composés de farine de *Maïs*, passent pour être si salutaires, & si faciles à digérer, que les Médecins du Mexique les ordonnent dans la plupart des maladies, & même dans les fievres. *Recchio* (1) assure que depuis les établissemens des Espagnols, ceux de ces contrées qui ont changé leur maniere de vivre en substituant au *Maïs* d'autres especes de grains, ont vu régner parmi eux des maladies qu'ils ne connoissoient pas auparavant, particulierement la pierre.

Cependant le *Maïs* n'a pas été plus exempt que les autres grains, d'avoir des détracteurs. Par exemple, quoique *Joseph Dacosta* ait avancé que le *Maïs* n'étoit

(1) *Rerum Medicarum novæ Hispaniæ Thesaurus; seu plantarum, animalium, mineralium Mexicanorum historia, in Ordinem digesta à Joanne Terentio-Lyneo, notis illustrata. Romæ*, 1651, *in-f°.*

n'étoit point inférieur pour l'ufage, au froment, il prétend néanmoins qu'il a une qualité groffiere & vifqueufe, qui difpofe à la pléthore fanguine & aux obftructions. Mais les voyageurs qui ont étudié & fuivi plus en détail les effets du *Maïs* en Amérique, font d'une opinion abfolument contraire. *Jean de Laet*, entr'autres, a remarqué que les Naturels, & même les Sauvages de ces contrées, qui ne vivent que de *Maïs*, n'étoient point expofés à de pareilles maladies. Il affure même que cette nourriture n'eft point indigefte, & qu'avant l'arrivée des Efpagnols, ils ignoroient les douleurs néphrétiques.

Les Flibuftiers, d'après le *Pere Labat*, qui avoient fait un long ufage du *Maïs*, lui ont protefté que jamais ils ne s'étoient apperçus que cette nourriture fût pefante & indigefte; qu'ils avoient remarqué au contraire qu'elle les engraiffoit beaucoup, en même-temps qu'elle les rafraîchiffoit.

La nourriture du *Maïs* étoit, en effet, regardée comme fi falutaire au Nouveau Monde, que ce grain étoit employé en médecine, à-peu-près comme l'orge. La propriété qu'on lui avoit reconnue, d'évacuer les fables des reins & de la veffie, le rendoit d'un ufage très-fréquent dans toutes les circonftances où on étoit affecté d'une pareille maladie; & les Écrivains de toutes les Nations s'accordent à dire qu'elle étoit très-rare dans cette partie du globe.

Enfin les Indiens font robuftes, & d'un bon tempérament. Ceux auxquels les Efpagnols ont voulu faire abandonner le *Maïs* pour le froment, s'y font conftamment refufés, en difant qu'ils avoient contracté l'habitude de cette nourriture; qu'ils fe trouvoient bien de fon ufage; que le *Maïs* leur fervoit de pain & de vin; qu'il étoit d'un rapport plus confidérable que le blé; qu'avec lui, ils avoient moins à redouter les variétés des faifons & les ravages des animaux; qu'en un mot, les femailles de ce grain exigeoient moins de travail, puifqu'un feul homme en plantoit & recueilloit plus que ne pouvoient faire en froment un homme & deux bêtes.

Mais n'allons pas chercher fi loin des exemples frappans qui atteftent la falubrité de la nourriture du *Maïs*. Voyons ce qui fe paffe chez nous, dans les campagnes de plufieurs Provinces, où on fait, chaque année, des récoltes abondantes de ce grain. Interrogeons leurs habitans, & nous apprendrons que,

P

comme les Indiens, ils sont également portés à donner la préférence au *Maïs*; qu'ils lui accordent même des propriétés médicinales (1).

Les Gascons & les Béarnois sont d'une taille assez avantageuse, d'une complexion forte, d'un tein frais, d'un courage mâle: leur nourriture la plus ordinaire consiste dans la bouillie & le pain préparés avec ce grain; s'ils consomment un boisseau de froment, ils en mangent quatre de *Maïs*. Ce que nous disons de nos Provinces Méridionales, s'applique également aux Bourguignons, aux Comtois, &c. &c.

Les bons effets du *Maïs* se manifestent aussi chez les animaux. Il n'y a rien que les bestiaux & les volailles aiment autant, & qui leur profite davantage que ce grain, dont ils sont très-frians. On le leur donne sous diverses formes, tantôt à dessein de les nourrir, & tantôt pour les engraisser. Leur chair est fine, tendre & délicate; leur graisse, ferme, abondante & savoureuse. Enfin, on ne voit pas un animal pour lequel le *Maïs* ne soit un manger délicieux. Aussi un Vice-Roi de Toléde, disoit-il, que le Pérou possédoit deux grandes richesses, le *Maïs* & le bétail.

N'insistons pas davantage sur les éloges que mérite à juste titre la nourriture du *Maïs*; il sera encore temps de justifier ce grain, à mesure qu'il s'agira des emplois utiles qu'il est possible d'en faire. Disons seulement qu'il est en état de remplacer presque toutes les préparations alimentaires que l'on obtient avec les farineux ordinaires; & que sans attendre que l'industrie, aux prises avec la nécessité, force à s'en nourrir, il est démontré que parmi ces préparations, il y en a qui pourroient par la suite devenir une nouvelle branche de commerce, & une épargne sur les grains destinés à l'aliment principal des

(1) On lit dans le Mémoire de *M. Desbiey*, couronné par l'Académie de Bordeaux, que depuis que la culture du *Maïs* a été introduite en Gascogne, les habitans, qui en font leur principale nourriture, ont été délivrées des apoplexies auxquelles ils étoient très-sujets auparavant. Si cette observation est fondée, comme il y a lieu de le présumer, elle suffit seule pour répondre d'une maniere victorieuse à ceux qui ont reproché à l'usage de ce grain, d'occasionner des pléthores humorales & sanguines. Nous avons d'ailleurs eu déjà l'occasion de faire remarquer qu'un aliment dont on avoit contracté l'habitude, n'exerçoit plus que l'effet alimentaire.

Citadins, ou à l'approvisionnement des vaisseaux & des Colonies. Commençons par indiquer les boissons que l'on peut retirer du *Maïs* : nous passerons ensuite aux alimens.]

ARTICLE PREMIER.

Emploi du Maïs *en boisson.*

Puisque le *Maïs* contient des principes analogues à ceux des autres grains, dont l'usage nous est si familier en Europe, & que la matiere muqueuse sucrée, se trouve au nombre de ces principes, il n'y a pas de doute qu'en le soumettant aux mêmes opérations, on ne puisse en obtenir des boissons propres à différens emplois. Aussi les Voyageurs Espagnols nous ont-ils assuré que le *Maïs* ne servoit pas seulement aux Indiens de pain & de bonne chere, qu'ils en préparoient encore des boissons dont ils faisoient un cas infini, en santé & en maladie. Il seroit superflu de s'arrêter à les décrire toutes (1) ; nous en indiquerons les principales. Elles peuvent être divisées en boissons fermentées, & en boissons non fermentées.]

Boissons non Fermentées.

On met le *Maïs* entier bouillir dans l'eau, & après en avoir rejetté la premiere décoction, on concasse le grain pour le cuire dans de nouvelle eau. On a par ce moyen une boisson mucilagineuse, adoucissante, qui passe pour être apéritive.

Cette boisson pourroit remplacer, même avantageusement, la tisanne d'orge qu'*Hippocrate* a tant recommandée dans les maladies aiguës, & suppléer mer-

(1) Si on desire prendre une idée des boissons, fermentées ou non fermentées, que les Indiens préparoient avec le *Maïs*, & des vertus particulieres qu'ils leur attribuoient, il faut consulter *l'Histoire du Nouveau Monde, ou description des Indes Occidentales par Jean de Laet. Leyde*, 1640, in-fol. *Lib. VII, Chap. III, pag.* 238 *& suiv. Digressions touchant le* Maïs, *ses facultés & autres usages.*

veilleusement bien l'eau de chiendent & de riz, pourvu qu'on ne néglige point de faire précéder la décoction à la trituration, afin d'enlever d'abord la matiere extractive de l'écorce, & de la séparer ensuite, comme étant moins douce que celle de l'intérieur.

Il seroit possible, sans doute, d'augmenter l'agrément & même l'efficacité de la tisanne de *Maïs*, par l'addition de quelques sirops appropriés aux maladies.

Les Médecins du Mexique ayant rejeté toutes sortes de tisannes, comme fastidieuses aux malades, ils ont imaginé de donner à la place une boisson qu'ils nomment *atole*; c'est du *Maïs* moulu & détrempé dans l'eau, cuit à la maniere d'une bouillie fort claire. Ils y ajoutent ensuite des aromates empruntés de différentes semences, comme aussi des assaisonnemens, tels que le sel & le miel. Cette boisson, suivant leur opinion, tempere les ardeurs d'urine. Ils en donnent aux enfans quand ils sont fort échauffés, ou que leur urine est tellement âcre & enflammée, qu'elle arrache la peau.

Les Espagnols prennent le *Maïs*, quand il est encore tendre & en lait; ils le broient avec un peu d'eau, & en font une espece de lait d'amande, qu'ils assaisonnent avec du sucre, de l'ambre & d'autres aromates. Ils regardent cette potion comme pectorale; ils la mêlent quelquefois avec le chocolat.

Le *Maïs* grillé comme le seigle & l'orge, peut fournir une boisson analogue au café, boisson de luxe, inconnue des anciens, mais devenue tellement indispensable pour les Européens, que les Ordonnances les plus rigoureuses ne sauroient en établir la prohibition; témoins les habitans du Nord, qui, plutôt que d'y renoncer, ont mieux aimé y substituer des racines ameres & des grains torréfiés, avec lesquels ils préparent une liqueur *cafeiforme*. Heureusement que cette liqueur n'a pas encore fait abandonner dans toutes nos campagnes le déjeûner grossier, mais salutaire, de nos bons Villageois.

En brûlant le *Maïs* à la maniere du café, on remarque que l'odeur qu'il exhale, est infiniment moins désagréable que celle du seigle, traité également; & que la liqueur qu'on en prépare, & à laquelle on ajoute du sucre & du lait, est aussi plus savoureuse.

Boiſſons fermentées.

Tous les hommes ſemblent avoir eu une propenſion décidée vers les boiſſons fermentées. Les ſucs doux & auſteres des fruits n'étoient pas capables de ſatisfaire leur ſenſualité, peut-être auſſi les vrais beſoins de la nature. Ils ont cherché à en obtenir des liqueurs piquantes, vineuſes & légeres. L'hiſtoire montre les efforts qu'ils ont faits pour parvenir à ſe les procurer, en mettant à contribution les reſſources que le climat leur offroit. Ce goût a été aſſez impérieux pour flatter celui des Sauvages découverts dans quelque partie de l'Amérique que ce ſoit, au point d'abandonner leur liberté pour ſuivre en forcénés les Européens qui leur promettoient une boiſſon encore plus forte, l'eau-de-vie.

[L'énumération des boiſſons fermentées, que les Indiens retiroient du *Maïs*, & les manieres dont ils les préparoient, ne ſerviroit qu'à nous prouver combien leur intelligence à cet égard ſe trouvoit circonſcrite. Je me bornerai à en indiquer une ſeule, trop célébrée parmi les premiers Péruviens, pour ne pas mériter une place dans cet ouvrage.

Du Chiccha.

La méthode des Indiens pour préparer leur boiſſon favorite, appelée *le Chiccha*, n'eſt pas clairement expoſée dans les Auteurs qui en ont parlé. Les uns prétendent qu'ils ſuivoient à-peu-près les procédés du Braſſeur; les autres, qu'ils n'y employoient que du *Maïs* moulu & cuit dans l'eau, auquel ils ajoutoient un levain compoſé, tantôt avec une pâte aigrie, tantôt de *Maïs* mâché par de vieilles femmes les plus dégoûtantes, parce que, ſuivant l'opinion des Indiens, elles étoient les plus capables de cette opération. Ils verſoient enſuite cette boiſſon dans un autre vaſe, & elle y acquéroit une acidité agréable (1). Quel-

(1) Selon Guillaume Dampierre, dans ſon *Voyage autour du Monde. Rouen* 1715, 5 *vol. in*-12., il paroît que la baye de Campêche & les autres pays voiſins, ſont très-fertiles en

quefois ils y mêloient encore du ſel & du poivre d'Amérique; mais elle a le défaut de ne pouvoir ſe conſerver plus de huit jours : paſſé ce temps elle devient fort aigre.

Quelle que ſoit la méthode des Indiens pour préparer le *Chiccha*, on prétend qu'il les enivre plus promptement que le vin. Quand ils en tiennent une cruche, ils ne la quittent point qu'ils ne l'aient vuidée, & perdu la raiſon. Auſſi c'eſt ce qui avoit porté les Incas à faire de l'abſtinence de cette boiſſon, un article de religion. La loi cependant y eſt fort mal obſervée; ils ne laiſſent pas que d'en abuſer, & rien n'eſt plus commun que de les voir paſſer le jour & la nuit à boire & à danſer. Mais, comme l'obſerve l'Auteur des *Soirées Helvétiennes*, on pourroit tirer un parti avantageux du *Maïs*, employé comme boiſſon. Puniſſons l'ivrognerie, & encourageons le Commerçant.

Les Indiens, & ceux qui nous les ont fait connoître, ne tariſſent pas ſur les éloges du *Chiccha.* C'eſt, ſelon eux, une boiſſon agréable au goût, & ſalutaire dans ſes effets. Ils lui attribuent beaucoup de vertus, entr'autres, de déterger les reins, & de rafraîchir : auſſi les voyageurs croient que c'eſt à l'uſage de cette boiſſon, priſe modérément, que les Indiens doivent l'avantage de n'être point ſujets aux ſuppreſſions d'urine.

Il faut que le palais des Indiens, ſans doute moins blaſé que les nôtres, trouve dans le *Chiccha* une boiſſon bien délicieuſe, puiſqu'ils l'emploient dans toutes les circonſtances d'éclat; juſques dans la cérémonie des funérailles. *Auguſtin de Zarate*, nous apprend que les parens verſent au-deſſus du lieu

Maïs. Les peuples qui les habitent, font avec ce grain une boiſſon aigrelette, en mettant ſa farine ſous forme de pâte, dans une jarre, & l'y laiſſant juſqu'à ce qu'elle ſoit aigrie; & dès qu'ils ont ſoif, ils en mêlent un peu dans une calebaſſe remplie d'eau, ce qui lui donne un goût encore plus piquant & plus agréable. Ils paſſent enſuite le tout par une autre calebaſſe plus grande, percée de trous, pour en ſéparer l'écorce du *Maïs*; ils boivent cette liqueur, à laquelle ils mêlent quelquefois du miel; elle leur paroît auſſi bonne qu'à nous un verre de vin. Entreprennent-ils un voyage de deux à trois jours, ils emportent avec eux pour toute proviſion, un peu de pâte de *Maïs* aigrie, enveloppée d'une feuille de plantain, & une calebaſſe à la ceinture pour préparer leur boiſſon, qui leur tient lieu de nourriture juſqu'au retour chez eux. Elle eſt connue ſous le nom de *Poſole.*

de la ſépulture, de ce breuvage, qui, par le moyen de quelques tuyaux, va ſe rendre dans la bouche du mort.

Bierre de Maïs.

Si les ſucs ſucrés des fruits paſſent ſpontanément à la fermentation vineuſe, ſans avoir beſoin d'opérations préliminaires, il n'en eſt pas de même du corps farineux. Ce n'eſt pas aſſez d'y introduire un levain & de l'eau, il faut encore des proportions juſtes dans les mêlanges, un degré de feu convenable, des ſoins pour établir à propos le mouvement fermenteſcible, le rallentir, l'accélérer, ou le ſuſpendre. Il faut des procédés particuliers pour augmenter la viſcoſité de la matiere, développer la ſubſtance ſucrée, d'où réſultent une tranſpoſition des parties, une combinaiſon des principes; en un mot, un corps approprié à la fermentation.

Si telles ſont les conditions ſans leſquelles les grains, quels qu'ils ſoient, ne donnent que des atômes de ſpiritueux, que penſer de ceux qui ont avancé que pour établir la fermentation vineuſe dans le *Maïs*, il ſuffiſoit d'abandonner ſa farine à elle-même, comme le ſuc de nos fruits, pour en retirer la totalité de ſpiritueux qu'elle étoit en état de fournir? Nous croyons donc qu'un procédé auſſi compliqué que celui de la bierre, dont toutes les parties ſont ſoumiſes à l'état de l'atmoſphere, étoit au-deſſus de l'induſtrie des Indiens. Les embarras qu'ils avoient pour retirer de petites quantités de boiſſons ſpiritueuſes, en employant beaucoup de *Maïs*, le peu de temps qu'ils pouvoient la conſerver; toutes ces circonſtances (1), prouvent aſſez qu'ils ignoroient

(1) Lorſqu'il s'agit de célébrer une fête ou un mariage, les Indiens infuſent 20 à 30 boiſſeaux de *Maïs* dans une auge pleine d'eau, juſqu'à ce qu'elle ſoit impregnée du grain, & qu'elle commence à s'aigrir. Alors, quelques vieilles femmes, qui n'ont gueres autre choſe à faire, mâchent des grains de *Maïs* qu'elles mettent dans des calebaſſes; & quand elles croient en avoir aſſez, elles verſent ce mêlange de ſalive & de *Maïs* dans l'auge, après en avoir retiré le grain qu'on y avoit infuſé. Cette eſpece de bouillie ſert de levain, & donne auſſi-tôt une petite fermentation à toute la liqueur. Quand elle ne fermente plus, on la tire au clair dans une autre auge, & enſuite elle eſt bonne à boire. Elle a le goût de la petite bierre, qui eſt aigre, & avec tout cela elle entête beaucoup. Ils en boivent à longs traits, &

l'opération Européenne qui a réduit en une seule, le travail du Bouilleur & du Brasseur, en employant le malt, la farine & la levure.

On ne sauroit douter que les Anglais ne soient les premiers Européens qui aient étendu & perfectionné les ressources du *Maïs* dans l'Amérique Septentrionale, ainsi que les procédés que les naturels du pays employoient pour en préparer des boissons fermentées, & qu'ils n'aient appliqué à ce grain le travail du Brasseur. *MM. Kalm & Vinthorp*, que nous avons eu occasion de citer souvent avec éloge, s'expliquent assez clairement à ce sujet. Le premier prétend que le *Maïs* bleu fournit plus de bierre que les autres variétés ; qu'on le seme même pour cette seule destination. Le second assure qu'on tire une très-bonne bierre du *Maïs*, en travaillant, de même que la dreche, le pain de ce grain coupé par morceaux gros comme le poing, & qu'on y met ensuite du houblon ; que cette bierre est plus saine, plus agréable, se conserve plus long-temps, & par conséquent est plus en usage que l'autre. Nous nous permettrons à ce sujet quelques réflexions.

Il est très-possible, comme le remarque M. *Kalm*, que parmi les especes ou les variétés de *Maïs*, il y en ait de plus ou moins propres à la fermentation, comme nous voyons l'orge d'hiver, plus sucré que celui de Mars, donner aussi davantage de bierre : mais le procédé que M. *Vinthorp* nous annonce comme préférable à tous, ne nous paroît pas même praticable. Si le *Maïs* peut germer comme les autres grains, pourquoi en employer plutôt le pain, d'où l'eau ne tire, au lieu d'une liqueur sucrée & mucilagineuse, qu'une matiere fade, collante, plus disposée à passer à l'aigre qu'à l'état vineux ?

On ne sauroit douter, je le répete, qu'on ne fasse quelque part, de la bierre de *Maïs* ; d'ailleurs M. le Marquis *de Turgot* nous a assuré que pendant son séjour à Cayenne, il en avoit fait préparer qui étoit excellente : mais j'ignorois encore quelles étoient les différences qui pouvoient servir à caractériser le travail

en font fort avides, quoiqu'elle leur donne quantité de rapports. C'est leur boisson délicieuse, les jours de gala. *Description de l'Isthme de l'Amérique par M. Wafer, insérée dans le nouveau Voyage autour du Monde, Ouvrage déjà cité, tom. 4, pag. 156 & suivantes.*

vail propre à ce grain, comparé à celui de l'orge. Pour avoir des renſeignemens poſitifs, je jettai les yeux ſur M. *Longchamp*, & c'étoit invoquer toutes les reſſources de la braſſerie la plus éclairée, que de le prier de s'occuper de mon objet. Les réflexions qui vont ſuivre, m'ont été ſuggérées par cet Artiſte diſtingué.

Préparation de la bierre de Maïs.

La préparation de la bierre de *Maïs* ſe trouve énoncée d'une maniere très-conciſe dans un Ouvrage de Chymie, digne de la réputation dont il a joui à l'époque de ſa publicité. M. *Schauw*, premier Médecin du Roi d'Angleterre, dit (1) que la méthode qu'on emploie pour faire le malt avec du blé de Turquie ou du froment de Virginie, eſt beaucoup moins laborieuſe : car en enterrant ce blé à deux ou trois pouces de profondeur dans la terre, & le recouvrant enſuite avec du terreau, le blé germera en dix à douze jours, & pouſſera du verd ; pour lors, il faut l'arracher, le laver ou le vanner pour lui enlever les ordures qui l'environnent ; le mettre, immédiatement après, ſur le chauffoir, & par ce moyen, on a de très-bon malt, ſemblable à celui de feves, qu'on traitera de la même maniere. Il eſt à propos d'obſerver que la racine & le tuyau de ce blé doivent être d'une longueur aſſez conſidérable avant que d'en faire du malt ; & peut-être qu'il en eſt de même de tous les grains un peu gros, & même des noix (2).

Il s'en faut qu'une pareille méthode de braſſer le *Maïs*, ſoit moins laborieuſe que celle adoptée pour l'orge : car ſi la premiere exige l'eſpace de dix à douze

(1) *Leçons de Chymie propres à perfectionner la Phyſique, le Commerce & les Arts, traduit de l'Anglais. A Paris, chez Hériſſant, volume in-4°.* 1759, *page* 192.

(2) A cet endroit M. *Schauw* ajoute, en note, qu'il ſeroit peut-être à propos d'eſſayer ſi le même procédé, ſuivi avec ſuccès & exactitude, ne pourroit pas s'appliquer aux navets, aux pommes de terre, aux carottes, aux panais, &c. Il y a déjà quelque temps que j'ai eſſayé de malter ces racines : mais j'ai remarqué qu'elles ſuivoient une marche entierement oppoſée à celle des grains ſoumis à la germination, puiſque les racines qui étoient ſucrées, devenoient âcres, & qu'au lieu de renfler, elles ſe vuidoient. Ainſi, tant que nous aurons des grains, continuons de les employer à ſatisfaire la faim & la ſoif, & ne dénaturons pas à grands frais nos racines potageres.

jours pour déterminer la germination, trente ou quarante heures suffisent pour la seconde. Il faudra, en outre, une journée pour arracher le *Maïs* germé, une autre pour le laver, enfin une troisieme pour le vanner; toutes opérations embarrassantes, qui, sans rien ajouter à la perfection du travail, ne font que le compliquer de plus en plus. D'ailleurs il est essentiel d'observer encore que l'essai qu'on fait avant de porter le grain au germoir, ne pourra plus avoir lieu: & comment l'éventera-t-on, s'il a contracté de l'odeur, &c. &c. ?

En suivant les procédés de la bierre ordinaire, M. *Longchamp* a observé que le *Maïs* consommoit plus d'eau au trempoir; qu'il paroissoit moins se renfler & se ramollir que l'orge; qu'il falloit un peu plus de temps pour opérer la germination & la dessication; qu'enfin sa saveur étoit un peu moins sucrée. Au reste, la bierre qu'il a obtenue, étoit légere, peu colorée, quoiqu'aussi houblonnée; & son amertume diminuoit à la longue, sans rien perdre de son agrément.

L'automne prochain, M. *Longchamp* se propose de reprendre plus en grand ce travail; & moyennant une certaine quantité de *Maïs*, d'en faire un brassin entier. Nous serons alors en état de prononcer, d'une maniere plus positive, sur les avantages que peut offrir cette nouvelle bierre.

Quoique des boissons, fermentées ou non-fermentées, retirées du *Maïs*, la bierre soit une des capitales, je ne la proposerai certainement point aux habitans de la Guyenne & des autres Provinces voisines. Ils sont assez riches en raisins, sans que jamais ils aient besoin d'invoquer le secours du *Maïs* pour y suppléer. Aussi me bornai-je à les indiquer aux cantons à *Maïs*, que la nature n'a pas aussi favorablement traités. D'ailleurs on embarque souvent dans les pays vignobles, de la bierre pour les équipages des vaisseaux; on en transporte même dans nos Colonies: qui sait si celle du *Maïs* n'auroit pas quelques avantages sur les autres bierres qu'on est souvent forcé d'aller acheter en Hollande, & qui ne réunissent peut-être pas au même degré la propriété apéritive & antiscorbutique.

Je passe sous silence les autres boissons fermentées qu'on peut retirer du *Maïs*. Nous avons déjà apprécié, à leur juste valeur, celles qu'on a voulu retirer de la plante elle-même; & quoique *Lauwson*, dans sa description de la

Caroline, pag. 73, assure que les tiges écrasées donnent une liqueur très-agréable, nous avons établi les raisons qui devoient déterminer à ne point en faire un larcin aux animaux.

Il n'est personne au reste qui ne convienne que le *Maïs*, soumis au travail du Bouilleur & du Vinaigrier, ne fournisse des liqueurs analogues à l'eau de vie & au vinaigre. Mais les inscrire au nombre des ressources essentielles, ce seroit aussi ridicule que de conseiller de retirer ces liqueurs du sucre, pour économiser le vin. Il suffit que nous sachions, que dans un besoin urgent, dans un temps de disette, il seroit possible d'en obtenir ces deux produits de la fermentation (1).]

ART. II.

Emploi du Maïs *en Légumes.*

Le désir de jouir de quelques primeurs, n'attend pas toujours la maturité du *Maïs*. On arrache quelquefois les épis encore verds, & on les mange ainsi crus, rôtis ou cuits. Il y a même en Amérique, des endroits où les habitans coupent les tiges, les écrasent avec les dents, & en sucent l'intérieur, qui est fort doux. Mais tous ces usages ont pour objet heureusement, de satisfaire la fantaisie bien plus que le besoin, & on auroit tort de croire qu'en aucun cas, ils puissent être mis au rang des ressources.

Maïs *grillé.*

Les Américains, & même les Européens, se font quelquefois servir à déjeûner des épis de *Maïs*, lorsque les grains sont tendres & en lait, ils les exposent devant le feu jusqu'à ce qu'ils deviennent d'un brun foncé : c'est sous cette forme, que le *Maïs* est mis sur la table. J'ai voulu connoître la saveur du *Maïs* préparé de cette maniere ; elle m'a paru être assez agréable.

(1) *Toute cette partie, relative aux boissons qu'on peut retirer du* Maïs, *n'étoit que par extrait dans le Mémoire couronné ; & c'est depuis le jugement de l'Académie, que* M. Parmentier *a multiplié ses recherches & ses expériences sur cet objet.*

Cependant nous ferons obſerver, que dans cet état, le *Maïs* n'eſt point ſans inconvénient. D'abord on remarque que les Indiens, & généralement ceux qui font un grand uſage de ce grain préparé ainſi, ont des dents vilaines & mauvaiſes, à cauſe de l'état brûlant où il faut que ſoit le *Maïs* pour le manger ſous cette forme. D'ailleurs, il ſeroit dangereux qu'une pareille préparation devînt trop commune : il exiſte des contrées en Amérique, où les habitans conſomment une ſi grande quantité de *Maïs* pendant que les épis ſont encore tendres, qu'ils diminuent ſenſiblement, & détruiſent même leur récolte.

Il y a encore une autre maniere de ſe ſervir du *Maïs* tendre & en lait, en égrenant les épis, en les grillant dans un pot de terre, ou une marmite ſur le feu ; il en réſulte une farine jaune, qui a un petit goût de café. C'eſt ce qu'on nomme, à la Louiſiane, *farine froide.* Pour la manger, on ne fait que la détremper à froid avec un peu d'eau, ce qui forme une ſorte de bouillie fort agréable & fort ſaine.

Mais, encore une fois, ne vaudroit-il pas mieux laiſſer à la nature le ſoin d'accomplir ſon ouvrage, & donner au *Maïs* le temps d'acquérir la plénitude des avantages qu'il poſſede quand il eſt parvenu à ſa parfaite maturité ? On pourroit enſuite le griller avec plus de facilité, en ſuppoſant qu'il fût queſtion de le manger ſous cette forme, qui a été long-temps la préparation générale que les anciens faiſoient ſubir au grain (1).

(1) [Les ſemences farineuſes ont ſervi d'abord, ſuivant l'opinion de quelques Philoſophes de l'antiquité, de nourriture ſans aucun apprêt. Les hommes arrachoient les épis encore verds & pleins de ſéve, pour en former leur ſubſiſtance ; mais ce n'étoit qu'une reſſource précaire. Ils attendirent enſuite la maturité des grains, qu'ils firent cuire dans l'eau, & mangerent à l'inſtar du riz & de l'orge mondé. Tel a été long-temps leur pain journalier ; &, ſi l'on en croit *Borrichius*, les Kalmouques n'en ont point encore d'autre. L'état viſqueux des grains ramollis ſimplement dans l'eau, & leur fadeur rebutante, ne pouvant offrir une nourriture agréable, on imagina, pour remédier à ce double inconvénient, de paſſer les grains au feu avant de les cuire. Les Romains établirent, pour cette torréfaction, des fournaiſes publiques ſous de grandes chaudieres d'airain, à peu-près de même que celles dont ſe ſervent aujourd'hui nos Braſſeurs pour la préparation de leur malt. Cette opération parut tellement importante, & devint d'une pratique ſi générale, que *Numa*, qui eut toujours pour maxime de feindre quelque myſtere religieux dans ſes découvertes & dans tous les

Maïs *frit.*

[A mesure que le *Maïs* se développe, on peut le dépouiller des jeunes épis, qui, placés dans les aisselles des feuilles, & au-dessous des épis principaux, ne viendroient jamais en maturité, quand bien même on les laisseroit subsister sur la plante jusqu'au moment de la récolte. En les arrachant de bonne heure, il est même possible encore de concourir à la vigueur de ce qui reste.

Ces grappes ou épis n'excédent point alors la grosseur du petit doigt. On les dépouille de leurs feuilles & de leur bourre, on les fend en deux morceaux, & on les fait frire avec de la pâte comme des artichaux : c'est un mets délicat & excellent.

Maïs *confit au vinaigre.*

Dans les endroits où le *Maïs* constitue la nourriture principale du peuple, les gens aisés ont trouvé le moyen d'en multiplier les mets. Les jeunes épis, dont on se sert pour la friture, peuvent être confits au vinaigre, & remplacer les cornichons.

On essuie les épis avec un linge bien sec; on les jette dans du vinaigre blanc, avec du sel, du poivre de Guinée, de la percepierre & de l'estragon : on laisse le tout sur le feu, jusqu'à ce que le vinaigre soit prêt à bouillir de nouveau; alors on enleve les épis, on les met dans un pot, ainsi que le vinaigre quand il est refroidi.

Maïs *bouilli.*

Quand le *Maïs* est presque mur, il est encore doux & sucré : on peut, disent les Auteurs, l'égrener, le cuire & l'accommoder à l'instar des petits pois, aux-

établissemens qui se firent de son temps, pour les rendre un peu plus respectables à ses peuples, fit entendre qu'une Déesse lui avoit procuré cette commodité pour la préparation du principal, & du plus nécessaire de leurs alimens. Il la fit adorer sous le nom de Déesse Fournaise, *Dea Fornax*, & il institua en son honneur une Fête, qui devoit être solemnisée chaque année, au mois de Février.]

quels ils ne balancent point de le préférer. Mais je déclare, d'après l'expérience, que le *Maïs* traité de cette maniere, se creve aisément dans l'eau ; & qu'indépendamment de la très-grande difficulté qu'il y a de le détacher de l'épi, auquel il adhere fortement, le mets qu'on en prépare ne sauroit être comparé aux petits pois : mais il est possible que les Indiens, qui n'avoient nulle connoissance de ce légume excellent, trouvassent dans le *Maïs*, accommodé de cette maniere, un mets nouveau & délicieux.

Au lieu d'égrener le *Maïs* avant sa maturité, j'ai voulu essayer d'employer l'épi dans son entier, persuadé que la totalité encore tendre & flexible, moyennant sa cuisson dans l'eau, augmenteroit de mollesse, & deviendroit un légume de plus à l'usage de nos campagnes : mais ces épis, au lieu de se ramollir, ont acquis plus de consistance. Ainsi, ni le grain verd détaché de l'épi, ni l'épi lui-même, encore tendre, ne sauroient être proposés ni employés parmi nous, comme ressource.

Les mêmes Auteurs prétendent encore que, le *Maïs* parvenu à sa maturité, se mange entier, cuit dans l'eau, comme les Chinois & les Japonois mangent le riz. Les louanges qu'ils prodiguent à ce mets, m'avoient persuadé que ce grain pourroit remplacer les semences légumineuses. Mes tentatives réitérées à cet égard, m'ont bien détrompé.

Il paroît que le *Maïs*, à mesure qu'il mûrit, acquiert une sorte d'état corné, qui augmente d'autant plus, qu'il s'éloigne de l'époque de sa moisson. Cet état ne lui permet pas de se gonfler considérablement dans l'eau ; ce n'est même que long-temps après y avoir bouilli, qu'il prend un certain degré de mollesse, encore loin de celui qui constitue ce qu'on nomme vulgairement la cuisson, & sans lequel on ne sauroit admettre l'usage des grains entiers.]

J'ai essayé si en laissant macérer le *Maïs* dans l'eau, douze heures avant de l'exposer au feu, ce ne seroit pas le moyen d'obtenir plus promptement, & plus parfaitement, le point de cuisson nécessaire. Le *Maïs* blanc de Béarn & de Bourgogne, le *Maïs* séché au four, celui qui a essuyé une sorte de torréfaction, tous ces grains, traités de la même maniere, n'ont point acquis la flexibilité de nos semences légumineuses.

Quoique le *Maïs* ait cet avantage sur les autres grains, qu'il ne faut pas toujours attendre qu'il soit mûr pour en manger, nous sommes forcés de terminer cet Article, en disant, que le *Maïs* en légume n'est point une nourriture agréable, ni d'une grande ressource ; que jamais, dans ce cas, il n'offrira les avantages des lentilles, des pois, des feves & des haricots, à moins qu'il n'y en ait une espece propre à cette forme, comme il y en a une particuliere, suivant quelques Auteurs, pour les gruaux (1).

ART. III.

Emploi du Maïs *en potage.*

[Il ne paroît point que nous mettions nulle part en pratique l'opération des Américains, qui consiste à séparer l'écorce du *Maïs* sans la réduire en farine, soit en employant des moulins à pilon, qu'un cheval fait mouvoir, soit en échaudant ce grain avec de la lessive. Cette derniere méthode est, dit-on, la seule qui soit adoptée chez les Nations Sauvages ; ils l'exécutent avec tant d'adresse, que *Colden* avoit pris le *Maïs*, ainsi dépouillé de son écorce, pour une variété naturelle, en la nommant, le *Maïs à grain nud*, & que nous appellerons *Maïs* mondé, plutôt que gruaux, parce que sous cette derniere dénomination, nous entendons toujours, en Europe, le grain, plus ou moins concassé avec son écorce.

(1) La Louisiane produit plusieurs sortes de *Maïs* ; savoir, le *Maïs* à farine ; il est blanc, plat & ridé, mais plus tendu que les autres especes : le *Maïs à gru*, ou *à gruau*. Celui-ci est rond, dur & luisant. De cette espece, il y en a de blanc, de jaune, de rouge & de bleu. Le *Maïs* de ces deux dernieres couleurs est plus commun dans les terres hautes, que dans la Basse-Louisiane. Nous avons encore le petit blé, ou petit *Maïs*, ainsi nommé, parce que son espece est plus petite que les autres. On seme de ce petit blé en arrivant, afin d'avoir promptement de quoi vivre, parce qu'il vient fort vîte, & qu'il mûrit en si peu de temps, que l'on en peut faire deux récoltes dans un même champ, & dans une même année. Outre cet avantage, il a celui de flatter le goût, beaucoup plus que celui de la grosse espece. Histoire de la Louisiane, par M. *Le Page du Prats*. Paris, Debure l'aîné, 1758, 3 *vol. in*-12, page 3 & suiv. Chap. I.

Maïs *mondé.*

Les Européens établis en Amérique, ont appris des Naturels du Pays à faire avec le *Maïs* une espece de soupe. Les Français la nomment *sagamité*, les Anglais, *hommoni*, les Suédois, *sapaan*. Après avoir fait ramollir ce grain dans l'eau pendant quelque temps, on le met dans un mortier de bois, qui n'est qu'un tronc d'arbre creusé. On le presse doucement avec un pilon jusqu'à ce que la peau soit séparée du grain ; on ôte les peaux, & on a le *Maïs* mondé (1).

Lorsque le grain est ainsi dépouillé, on le fait bouillir avec de la viande ; & lorsqu'elle est cuite, la soupe est faite : elle a le goût de la soupe de pois. C'est, selon M. *Kalm*, un bon potage très-sain, & fort nourrissant ; mais il paroît qu'il n'est pas indifférent de se servir de toute sorte de *Maïs* pour cette préparation (2).]

(1) [Tous les Arts ont eu leur enfance, & le procédé le plus simple aujourd'hui, & le plus facile à exécuter, étoit autrefois très-compliqué. Qui auroit cru, par exemple, qu'un jour l'orge, pour ne pas nous éloigner de notre sujet, ce grain, revêtu de deux écorces, s'en trouveroit tout-à-fait dépouillé sans perdre de sa texture ; & qu'on parviendroit à lui donner une forme ronde, pour préparer ce qu'on appelle vulgairement *orge perlé ?* Pourquoi l'industrie, qui s'est déjà tant signalée en faveur des alimens, ne feroit-elle pas quelques efforts pour étendre l'utilité du *Maïs ?* Les Sauvages de l'Amérique n'auroient peut-être pas été aussi habiles à dérober à ce grain son écorce, s'ils eussent été moins ignorans dans l'art de moudre & de bluter. Or si le *Maïs* ne sauroit se ramollir par sa cuisson dans l'eau, même séparé du son, ainsi que je m'en suis assuré, en l'enlevant à une certaine quantité de grains, par le moyen d'un canif, il vaudroit mieux ne l'employer que sous forme de gruau ou de semoule, puisque ce n'est que dans cet état de division, qu'il acquiert le caractere d'un aliment flexible & savoureux.]

(2) On distingue deux sortes de *Maïs*, dont l'un est propre à faire de la farine, & l'autre non. Ce dernier a le grain tout rond, l'autre l'a un peu plat, & se distingue par une espece de coup d'ongle ou de rainure qui regne sur toute la longueur des grains. L'un & l'autre ont leur usage, & servent également à la nourriture des Sauvages, des Negres, des Habitans, des Voyageurs. On peut les apprêter en quarante-deux manieres, dont chacune a son nom particulier. Il est inutile que j'entre ici dans le détail de toutes ces différentes façons que l'on peut donner au *Maïs* ; il suffit d'apprendre aux Lecteurs, qu'on en fait du pain, de la bouillie, de la farine froide, de la farine grillée, du blé boucané & séché au feu & à la fumée, qui, étant cuit, a le même goût que nos petits pois, & est aussi sucré.

Maïs

Maïs *en gruaux.*

Le *Maïs*, grossierement moulu, sans avoir passé à la bluterie, peut fournir de très-bons potages, étant délayé dans des véhicules nutritifs, tels que les décoctions mucilagineuses, le lait, &c. passé à travers un tamis, ou un linge, & cuit, après cela, plus ou moins.

Le *Maïs* ainsi écrasé, s'appelle en Roussillon, *Farre*, du nom que les Anciens donnoient au froment, grossierement moulu, dont ils se nourrissoient. Il pourroit offrir beaucoup de ressources dans l'état de maladie ; & nous ne craignons pas de nous aveugler sur les véritables propriétés du *Maïs*, en assurant qu'il est le grain le plus propre à remplir cet objet, & que si on connoissoit tous ses avantages sous cette forme, ce seroit, un jour, le seul gruau dont on adopteroit l'usage dans le Royaume ; car il est même préférable à celui d'orge ou d'avoine.

Des semoules.

Le *Maïs*, privé de la portion de farine que les meules ont réduite en poudre fine, & de son écorce, offre un petit grain jaune, net, fort appetissant, & qu'on peut traiter comme les semoules, dont il remplit les mêmes indications.

Combien de constitutions foibles, d'estomachs fatigués par les excès de la table ou par les maladies, qui ne pouvant digérer de nourritures solides, se trouveroient soulagés, & même guéris, par l'usage du *Maïs*, pris en gruau ou en semoule ! L'aliment qui en résulte, n'a presque pas besoin d'assaisonnemens

On en fait encore ce qu'on appelle le *Grut*, c'est-à-dire, qu'en le battant & le broyant pendant quelque temps dans une pile de bois, avec un peu d'eau qu'on y mêle, on en ôte la peau ou enveloppe dont il est couvert. Ce grain ainsi concassé & séché, se transporte fort loin, & se conserve parfaitement. Le plus fin qui reste, sert à faire la *sagamité*, qui est une espece de bouillie cuite avec de l'huile ou de la viande. C'est un aliment très-bon & fort nourrissant. *Mémoires Historiques sur la Louisiane, composés sur les Mémoires de M. Dumont, par M. LL. M. Paris*, 1753, 2 *vol. in*-12.

étrangers : il eſt doux & léger ; il n'a ni l'âcreté de l'orge, ni l'amertume de l'avoine, ni la glutinoſité du froment ; il poſſede même une propriété qui mériteroit une attention particuliere dans certaines circonſtances, celle d'être apéritif. Quelques habitans du Bas-Bugey, m'ont aſſuré que quand ils en mangeoient à leur dîner, en guiſe de ſoupe, ils avoient beſoin d'uriner plus qu'à l'ordinaire.

Maïs *en vermicelle.*

La conſommation qui ſe fait maintenant de pâtes d'Italie, & dont il s'eſt établi pluſieurs fabriques à Paris, m'a laiſſé entrevoir l'eſpérance d'en préparer également avec le *Maïs.*

J'ai ſuivi, chez un de nos Vermicelliers le plus intelligent, toutes les opérations de ſon art, en variant la température de l'eau pour pétrir, depuis l'état naturel juſqu'au degré bouillant, ſans pouvoir donner à la pâte cette continuité tenace & glutineuſe, dont elle a beſoin pour s'allonger ſans ſe rompre, & ſe prêter aux différentes formes qu'on lui donne.

Je me ſuis déterminé enſuite à mêler de la farine de *Maïs* avec partie égale de gruaux de froment ; & quoique ceux-ci euſſent perdu par ce mêlange un peu de leur corps ordinaire, il n'en eſt pas moins réſulté un vermicelle excellent, ſavoureux, de couleur jaunâtre, qui ſe cuit très-bien dans le bouillon, ainſi que dans le lait, ſans avoir cependant la viſcoſité du froment ; ce qui eſt peut-être un avantage, parce qu'il arrive ſouvent que les Médecins proſcrivent la bouillie de ce grain, uniquement à cauſe de cette viſcoſité, indigeſte dans beaucoup de circonſtances. Or le *Maïs*, ſous quelque forme qu'on le prenne, ſemble toujours conſerver une vertu apéritive.

ART. IV.

Emploi du Maïs *pour les voyages de long cours.*

Il faut moins de nourriture à l'homme, qu'on ne le croit communément; on feroit même furpris de voir la maffe énorme d'alimens qu'il prend, & la petite quantité de fucs qu'il en retire pour fe fuftanter. C'eft vraifemblablement d'après cette obfervation, qu'on a imaginé, en différens temps, plufieurs moyens pour fe garantir de la faim pendant les voyages de long cours. Les peuples d'Ethiopie n'emportent avec eux d'autres provifions que de l'orge grillé; & nous voyons le *Maïs* rôti, ou fa farine, fervir d'aliment, & même de boiffon, à ceux de l'Amérique qui font de grandes courfes (1).

Maïs *en Bifcuit de mer.*

Pour préparer le Bifcuit de mer, on prend une certaine quantité de farine de ce grain, convenablement moulu. On y ajoute un peu de levain, qu'on délaie dans l'eau tiéde; on en forme une pâte, de confiftance plus molle que celle deftinée au Bifcuit ordinaire. On en détache enfuite des morceaux, pefant chacun trois quarterons, qu'on applatit de maniere à ne leur donner que vingt-quatre pouces de circonférence, & 15 à 16 lignes d'épaiffeur. Quand

(1) [*Fernandez d'Oviedo* affure que quand les Européens & les Indiens naviguent aux mers Auftrales, ils emportent avec eux de la farine de *Maïs* rôtie, à laquelle ils ajoutent de l'eau, qu'ils mêlent enfuite pour en faire une panade claire, dont ils fe fervent comme boiffon & comme nourriture. Cette farine corrige, dit-on, les mauvaifes qualités de l'eau qu'on rencontre dans les déferts de l'Amérique, & détruit en un inftant l'odeur fétide qu'elle répand. C'eft pour cette raifon qu'on a foin d'en porter toujours fur mer. On prétend même que les Troupes Anglaifes qui en ont fait ufage, n'ont pas été incommodées par ces eaux, tandis que ceux qui ont négligé cette précaution, ont été malades. J'ignore fi cette propriété appartient réellement à la farine de *Maïs* : il eft conftant qu'un peu de chaux produit l'effet annoncé; mais on fait auffi comment cet effet a lieu. Il feroit difficile de l'expliquer relativement au *Maïs*, à moins que tous les grains, ou leurs farines torréfiées & bouillies dans l'eau, ne l'opéraffent indiftinctement.]

la pâte eſt diviſée & façonnée en biſcuit, on la diſtribue ſur des tablettes; & peu de temps après on la met au four, en la piquant avec un fer armé de plusieurs dents pour empêcher le bourſoufflement, & favoriſer l'évaporation de tous les points. Il faut la laiſſer dans un four doux, pendant deux heures au moins, parce que cette cuiſſon demande d'être pouſſée très-loin.

Il convient de placer le Biſcuit, au ſortir du four, dans un lieu chaud, afin qu'il puiſſe ſe réfroidir inſenſiblement, & perdre l'humidité qui s'en exhale perpétuellement, tant que la chaleur ſubſiſte. Il eſt donc eſſentiel de ne le renfermer que cinq à ſix jours après ſa fabrication.

Si on fait entrer dans la confection du Biſcuit de *Maïs*, partie égale de farine de froment, la pâte prend alors plus de corps, & donne un produit plus parfait. L'Académie ſera d'ailleurs à portée de juger l'un & l'autre, d'après les échantillons que je ſoumets à ſon examen (1).

Je me ſuis aſſuré que le Biſcuit de *Maïs* poſſédoit les caracteres généraux du Biſcuit de mer ordinaire, qu'il ſe caſſoit net, qu'il étoit ſonore, & trempoit très-bien dans l'eau ſans s'émiéter: & s'il eſt permis de haſarder quelques conjectures ſur la nature des corps farineux, avec leſquels il eſt fabriqué, on eſt fondé à croire qu'il bravera également le ſéjour de la mer, & les voyages de long cours; & que ſans vouloir prétendre le comparer au Biſcuit de froment, il a un avantage ſur ce dernier, en ce que le *Maïs* n'ayant point de matiere animaliſée, il eſt moins ſuſceptible de s'altérer.

On connoît depuis long-temps le pouvoir de l'habitude contractée dès l'enfance, & le danger qu'il y auroit d'abandonner tout-à-coup l'uſage d'une ſubſtance alimentaire, même la plus défectueuſe. Ne pourroit-on pas jouir de la reſſource que je propoſe, pour approviſionner les bâtimens, dont les équipages ſeroient déjà accoutumés à la nourriture du *Maïs*, dans un temps ſur-

(1) *Ce Biſcuit a été trouvé parfaitement bon, & on en a jugé de même à la Martinique, où M. de Ladebat, Commiſſaire de l'Académie pour cet objet, en avoit envoyé deux galettes. Une de ces galettes a été renvoyée de l'Amérique; mais on n'a pas pu bien juger de ſon état de conſervation, à cauſe des inſectes qui l'avoient attaquée.* Cet accident paroît avoir été cauſé plutôt par le défaut de ſoins, que par la qualité du biſcuit. Les galettes que l'Académie conſerve, depuis un an, dans ſon dépôt, n'ont éprouvé aucune eſpece d'altération.

tout où ce grain ayant fourni des récoltes abondantes, excéderoit les besoins ordinaires du Pays, ou ceux des Provinces avec lesquelles il seroit en commerce?

Maïs *en farine grillée.*

Le *Maïs* déjà desséché au four, puis converti en farine, séché de nouveau, & mis à l'abri de l'humidité, pourroit aussi, à l'exemple des Américains, servir aux Européens dans les voyages de long cours.

Il seroit possible, dans la circonstance dont il s'agit, d'embarquer en même-temps que le biscuit de *Maïs*, de cette farine, qui, moyennant les précautions observées, deviendroit d'une excellente garde. On pourroit la distribuer aux Matelots sous forme de bouillie, lorsqu'ils seroient menacés d'une indisposition prochaine, qui viseroit au scorbut. Quelques Auteurs de réputation prétendent même que le *Maïs* est un excellent préservatif contre cette fatale maladie des gens de mer.

Le Maïs *en poudre alimentaire.*

C'est principalement dans les temps d'abondance, qu'il faut se ménager des ressources contre les suites de la stérilité, & les malheurs de la disette, parce que l'homme affamé n'est capable d'aucunes recherches heureuses. Il seroit donc prudent de pourvoir, à peu de frais, à une provision économique, assez durable pour être préparée & conservée long-temps avant les époques où se manifestent plus communément ces temps de calamité.

Le Biscuit de *Maïs* dont je viens d'indiquer la fabrication & l'usage, étant réduit en poudre grossiere, séchée au four, se conserve sans frais comme sans risques, absorbe beaucoup d'eau, & prend, en bouillant avec un peu de beurre & de sel, la forme & le goût d'une très-bonne panade. J'ai essayé son effet alimentaire; il n'est guere possible de les réunir à un plus haut dégré, tout est nourriture.

Cette poudre renfermée dans des caisses ou des barrils, peut se conserver des siecles, pourvu, toutefois, que ce soit dans un endroit sec, à l'abri des animaux destructeurs. Elle sera d'une garde plus facile que le biscuit lui-même, qui se détériore souven tdans les traversées, à cause de son épaisseur, qui ne permet pas au centre d'être aussi parfaitement séché que les bords. Pourquoi nos Négocians ne se serviroient-ils pas de cette poudre, lorsqu'ils vont acheter des Cultivateurs en Affrique? Les Negres sont déjà accoutumés dès l'enfance à la nourriture du *Maïs*: on préviendroit peut-être ainsi les maladies horribles auxquels sont sujets ces Esclaves, dès qu'ils sont dans les Vaisseaux, & auxquelles ils succombent si souvent. Le Commerce & l'humanité y gagneroient également.

La Poudre alimentairé, dont l'essai a été fait en différens endroits du Royaume sur des Soldats restreints à cette seule nourriture, & pour laquelle le Gouvernement a fait tant de dépenses, n'est autre chose que du *Maïs* réduit en farine, puis en pâte, ensuite desséchée & pulvérisée. L'Auteur qui avoit trouvé la recette de cette Poudre, dans les ouvrages qui ont parlé des précautions que même les Sauvages de l'Amérique prennent pour se nourrir dans les momens de détresse, avoit assuré qu'il entroit dans la composition, des sucs de viande : mais toutes les recherches que l'art suggere, n'ont pu y faire découvrir la présence d'une matiere animale (1).

Il y a encore la Dréche, cette matiere, muqueuse par excellence, que la fermentation a atténuée, perfectionnée, & dont les plus célebres Navigateurs recommandent l'usage en Mer, qu'on pourroit préparer avec le *Maïs*, aussi aisément que celle retirée de l'orge. Les habitans de la Guienne, les Négo-

(1) Les Américains sont obligés de faire de longs voyages pour leur chasse ou pour leur Commerce dans des pays déserts, où on ne trouve aucun aliment. Le *Maïs* leur sert comme la plante dont les Scythes faisoient usage en pareil cas, ou comme celle que les Montagnards d'Écosse préparent dans les mêmes vues. Ils la font rôtir sous la cendre, dans le sable, ou dans le four, lorsqu'on en a tiré le pain, le réduisent en gruau grossier dans un mortier de bois, en ôtent la peau, prennent le gruau le plus fin, y mettent du sucre, & le transportent ainsi préparé. Lorsqu'on veut en manger, on le délaie dans un peu d'eau, quelquefois on y ajoute de la graisse; ceux qui ne sont pas assez riches pour le préparer de cette maniere, en enlevent la peau par le moyen de la lessive, font sécher le grain, & le cuisent, lorsqu'ils veulent en manger, avec la graisse d'ours ou de chevreuil. *Culture & usage du* Maïs *dans l'Amérique Septentrionale*, par le Professeur *Kalm*.

cians de cette Province, ne doivent pas être indifférens à cette propriété, & ils doivent chercher à l'appliquer à la conservation des Matelots.

ART. IV.

Emploi du Maïs *pour les animaux.*

[On a été long-temps persuadé que le *Maïs* n'étoit utile qu'à l'engrais des animaux. C'est même encore là l'opinion de ceux qui ne consacrent que des coins de terre à la culture de ce grain, & qui en bornent l'usage à cette destination unique. Ils sont tout étonnés quand on leur dit qu'il y a des cantons entiers, où les habitans ne vivent que de cette nourriture.

Le *Maïs* se donne en épis, en grain, en farine & en son. Les chevaux, les bœufs, les moutons, les cochons, la volaille, tous ces animaux l'aiment, de préférence aux autres grains; il ne s'agit que d'en varier la quantité & la forme, pour soutenir les uns au travail, & pour engraisser les autres. Entrons dans quelques détails.

Maïs *en guise de fourrage.*

On a déjà vu combien le fourrage du *Maïs* pouvoit devenir utile dans les Campagnes, puisque souvent on en ensemence des portions de terrain à cet effet, & que quand la récolte du fourrage ordinaire avoit été médiocre, après avoir coupé les premiers grains mûrs, on pouvoit, moyennant un coup de charrue donné à la terre, y semer du *Maïs* à poignée, fort épais; ce qui fournissoit promptement un fourrage, qu'on pouvoit scier chaque jour; qu'enfin ce fourrage seul, ou mêlé avec d'autre, étoit une nourriture excellente pour les bœufs & les vaches.

Le *Maïs* que l'on plante à dessein d'en récolter le grain, peut aussi fournir d'excellent fourrage. La tige a, comme celle de la plupart des graminées, une matiere muqueuse, sucrée, qui la rend fort saine. Elle rafraîchit les bestiaux de labour, & leur relâche un peu le ventre, comme fait le verd. Les dépouilles qui recouvrent les épis, ne sont pas moins propres à la nourriture des animaux. Aux environs de Bayonne, on présente aux bêtes à cornes ce fourrage, en pliant chaque tige en deux ou trois morceaux; mais dans le Béarn, on ne le leur donne point à la main.

Observations contre le fourrage de Maïs.

On a objecté que dans l'Amérique Septentrionale, où la récolte du *Maïs* se fait à-peu-près dans le même temps qu'en Europe, on avoit observé, de même que dans l'ancien Continent, que quand on nourrissoit les chevaux & les bœufs, de *Maïs* verd, ils maigrissoient à vue d'œil, tandis qu'ils n'en étoient plus incommodés, lorsqu'on ne leur donnoit ce fourrage qu'après l'avoir préalablement fait sécher.

RÉPONSE.

Il est possible qu'il y ait assez de fourrage dans l'Amérique Septentrionale, pour se passer de celui que peut fournir le *Maïs*, & c'est vraisemblablement la cause principale qui détermine à s'en servir pendant l'hiver, & après l'avoir fait sécher. Car il ne paroît pas qu'il puisse produire les effets mal faisans qu'on lui impute; & voici sur quoi je me fonde.

Dans nos Isles, les Negres apportent le *Maïs* fourrage au marché, le vendent en bottes, comme nos Paysans vendent le trefle, & il est bien prouvé que les animaux qui en usent toute l'année, ne sont ni moins frais ni moins bien portans.

J'ai tenu long-temps une vache à cette nourriture, & jamais je ne me suis apperçu qu'elle perdît de son embonpoint. Son lait, comparé à celui que fournissoit une autre vache de même poil & de même âge, nourrie avec les herbages ordinaires, m'a toujours paru plus onctueux, plus sucré & plus abondant.

Soit que le fourrage du *Maïs* ait été séché, ou qu'on le donne verd aux animaux, ils en sont si friands, qu'ils quittent toute autre nourriture pour celle-là. M. *Cabanis*, cet Observateur si recommandable, nous a mandé que les chevaux

chevaux préféroient ce fourrage au foin, pourvu qu'on eût l'attention de le leur couper par petits rouleaux dans l'auge.

Le ſeul moyen de donner aux chevaux une valeur marchande, avant de les envoyer aux foires, c'eſt de les nourrir de *Maïs* : ils écraſent mieux ce grain que l'avoine, & rien n'eſt meilleur pour les engraiſſer avant de les vendre. Pluſieurs Employés à la ſuite de l'Armée Françaiſe en Virginie, n'avoient point d'autres fourrages pour nourrir leurs chevaux, que le *Maïs*; ils remplaçoient par ſon moyen, l'avoine, pris à la vérité en quantité plus conſidérable : car il ne faut point s'en impoſer; & quoique *Lopez de Gomera* aſſure avoir vu des chevaux travailler vigoureuſement, n'ayant point d'autre ſubſiſtance, on ne peut pas croire qu'elle puiſſe donner autant de force, momentanément, que les grains qui, en général, contiennent, ſous un volume infiniment moindre, beaucoup plus de matieres nutritives.

Il n'y a point de motifs, autres que l'économie, qui puiſſent engager à faire ſécher le fourrage du *Maïs*; car il eſt bien certain que dans ſon état de fraîcheur, il ne ſauroit occaſionner aucun mal. Il eſt alors tendre, ſavoureux & nouriſſant, tandis que la deſſication la plus ménagée, lui fait toujours perdre de ſon eau de végétation, & le prive ainſi d'une partie de ſes avantages.

En fixant l'époque où il faut ſéparer les tiges du *Maïs*, planté pour la récolte du grain, nous avons eu intention de conſerver leur utilité en fourrage. Si on attendoit plus tard à les en ſéparer, la ſubſtance charnue deviendroit plus compacte, & la matiere muqueuſe ſucrée qui rempliſſoit les interſtices, concourroit à l'augmentation de la ſubſtance fibreuſe. L'obſervation du Profeſſeur *Kalm*, vient à l'appui de mon opinion (1).

En multipliant les fourrages dans les Campagnes, il en réſulte pour le Culti-

(1) Des feuilles coupées, encore vertes, deſſéchées au ſoleil, miſes en tas & couvertes, ſont un fourrage que les beſtiaux préferent à tous les autres. Mais ſi les feuilles ſéchent ſur le pied, ils n'en mangent qu'à défaut de tout autre aliment. Si l'on fait bouillir dans l'eau les feuilles coupées vertes, & ſéchées, ils la boivent avidement. Les mêmes feuilles hachées comme la paille, & mêlées au ſon ou à la farine de *Maïs*, ſont une nourriture qu'ils préferent au trefle même.

vateur intelligent, l'augmentation de ſes troupeaux, des animaux propres au labourage, ou à fournir du lait, ou à être engraiſſés. Enfin ce ſeroit l'unique moyen de ſe procurer de quoi fumer les terres, & doubler par conſéquent les récoltes.

Maïs *en guiſe d'avoine.*

Dans le nombre des graminées qui couvrent la ſurface du globe, il en eſt une qu'il faudroit ſupprimer, ou dont il faudroit dumoins reſtreindre la conſommation, non-ſeulement parce que le grain qu'elle produit contient peu de matiere farineuſe, mais encore par la raiſon que ſouvent il ne dédommage point les fermiers des frais de labour & d'engrais : c'eſt l'Avoine, dont la culture abſorbe beaucoup de bons terrains, & les appauvrit, parce que ſes racines tallent conſidérablement.

L'uſage de ce grain eſt déjà remplacé, avec ſuccès, dans quelques cantons de l'Europe, par l'orge, plante d'une végétation plus facile, & d'une récolte plus certaine, qui produit en même-temps une nourriture plus ſubſtantielle & plus abondante. D'ailleurs les chevaux ne rendent-ils pas ſouvent l'avoine auſſi entiere qu'ils l'ont avalée, & ſans qu'elle ait ſouffert dans les premieres voies la moindre altération? Ce qui avoit déterminé à propoſer de la faire macérer préalablement dans l'eau, ou de la concaſſer, pour en économiſer une partie, & fatiguer moins les viſceres des chevaux.

Ne pourroit-on point, dans tous les endroits où le *Maïs* eſt cultivé en grand, nourrir les chevaux avec ſon fourrage, ou le grain, en leur donnant ce dernier, réduit en poudre groſſiere, afin d'éviter l'inconvénient dont il vient d'être queſtion? Quelques Auteurs ont aſſuré que pour les y accoutumer, il falloit d'abord mêler le *Maïs* avec leur avoine, & qu'au bout de quelques jours, ils préféroient l'un à l'autre.

Il n'y a pas de doute qu'une récolte paſſable de *Maïs* ne vaille mieux qu'une riche en avoine. *Acoſta* obſerve même, qu'il contient plus de ſubſtance que l'orge; mais il ajoute qu'avant de le donner aux chevaux, il faut avoir l'attention de les faire boire, sans quoi ils courroient les risques d'enfler, comme quand on leur donne du froment.

Pourrois-je quitter cet article sans élever la voix contre l'usage dans lequel sont les habitans de plusieurs cantons, de se nourrir de pain d'avoine, dont l'aspect & le goût révoltent les sens, sur-tout quand je pense que ce pain, si mauvais & si peu substantiel, revient encore plus cher aux malheureux qui s'en alimentent, que celui de froment le mieux fabriqué? La plume me tombe des mains, lorsque je réfléchis sur le coupable aveuglement dans lequel on est plongé, relativement à cet objet.

Maïs *pour la nourriture du bétail.*

Si on avoit bien approfondi les avantages réels du *Maïs* servant de nourriture aux animaux de basse-cour, la consommation énorme des grosses raves, des navets & des autres végétaux également chers, ne tarderoit point à diminuer; sur-tout si on adoptoit la méthode d'y mêler une certaine quantité de pommes de terre, dont l'état aqueux seroit absorbé par la sécheresse du *Maïs*, ce qui deviendroit une nourriture économique & salutaire.

La plupart des habitans de l'Amérique Septentrionale ne se donnent pas la peine d'égrener le *Maïs* pour les cochons, les bœufs, & même les chevaux, ils leur jettent les épis entiers: mais il faut convenir que pour que cette méthode soit avantageuse, le *Maïs* doit être nouveau, parce qu'alors la totalité de la grappe sert de nourriture; tandis que trop dure, elle n'a plus de saveur.

Les fameux Cochons de Naples ne s'engraissent qu'avec du *Maïs*; & l'Auteur de *l'Ecole du Jardin Potager*, assure, pour les avoir vu, qu'ils pesent jusqu'à cinq cents livres; & que, pour les amener à ce volume énorme, il suffit de les enfermer pendant deux mois, dans une loge où il y a une auge toute remplie de ce grain. On a remarqué en Bourgogne, que quand les cochons étoient un peu gras, & qu'ils commençoient à se dégoûter, on leur donnoit tous les quinze jours du *Maïs* entier, non séché, & bouilli dans l'eau.

Maïs *pour l'engrais des Volailles.*

La volaille profite à vue d'œil nourrie avec du *Maïs*, cru ou cuit, en farine ou en boulette. Les Chapons de la Breſſe, les cuiſſes d'oies, les foies de canards, ſi renommés dans toute l'Europe, ne doivent leurs avantages qu'à ce grain.

Mais en ouvrant les Traités d'économie rurale & ruſtique, on verra ſuffiſamment que le *Maïs* eſt une nourriture excellente, & la plus propre à engraiſſer toutes ſortes d'animaux. Ces Ouvrages enſeignent également tout ce qu'on peut déſirer ſur la maniere de leur adminiſtrer ce grain, comme engrais, & comme nourriture, ſans qu'il ſoit néceſſaire d'inſiſter ici ſur ces détails.

ART. V.

Emploi du Maïs *en bouillie.*

Me voici parvenu aux uſages les plus ordinaires du *Maïs*, dans quelque pays que ce ſoit. Car il ne nous reſte plus qu'à conſidérer ce grain relativement à l'emploi qu'on en fait ſous forme de galette ou de pain. Mon Traité ſeroit incomplet, ſi je ne donnois à ces différens objets une attention particuliere; d'autant mieux que nulle part ils ne ſont préſentés du côté de l'utilité générale.

La bouillie de *Maïs* porte différens noms. On l'appelle *Polenta* dans les pays chauds de l'Europe, *Millaſſe*, *Cruchade* dans nos Provinces Méridionales, & *Gaudes* en Franche-Comté & en Bourgogne: mais c'eſt toujours la farine de ce grain, plus ou moins diviſée & purgée de ſon, délayée & cuite avec de l'eau, du lait, ou de la crême, & relevée par différens aſſaiſonnemens, dont il réſulte une bouillie plus ou moins épaiſſe, que l'on mange chaude ou refroidie, grillée ou frite.

De la Polenta.

Le *Maïs* eſt l'aliment des habitans de la campagne dans la Lombardie, dans le Royaume de Naples, dans les Etats de Véniſe, & dans beaucoup d'autres cantons de l'Italie. Il ſemble même qu'on ſeme ce grain principalement pour en préparer de la bouillie; car, lorſqu'ils recommandent d'eſpacer les pieds de *Maïs* dans les champs, pour augmenter la groſſeur des épis, ils ſe ſervent de ce proverbe, *Melgone raro, fa polenta ſpeſſa.*

Préparation de la Polenta.

On met trois ou quatre pintes d'eau dans un chaudron de cuivre jaune, & trois onces de ſel ou environ. Dès que l'eau bout, une perſonne prend quatre livres de farine, qu'elle verſe peu à peu d'une main, tandis que de l'autre elle remue, ſans diſcontinuer le mêlange, avec un rouleau de bois. Lorſque la totalité de la farine eſt dans le chaudron, la ménagere continue de remuer le mêlange, qui ne tarde pas à prendre de la conſiſtance & à s'attacher au fond; alors elle tient le rouleau des deux mains pour l'agiter dans tous les ſens. Quinze à vingt minutes après, on verſe cette bouillie ſur une table, couverte d'une nappe, autour de laquelle la famille ſe raſſemble pour manger de la *Polenta.*

Cette maniere ſimple de préparer la *Polenta*, eſt celle du peuple. On en conſomme beaucoup en Italie; on la voit étalée dans les boutiques ſur des tables, & on la vend au peuple par morceaux d'environ une livre.

Parmi les perſonnes aiſées qui ſe nourriſſent de la *Polenta*, les *Bergamaſques* paſſent pour en être les plus grands amateurs. Ils s'en ſervent ordinairement en guiſe de pain, en mangeant des petits oiſeaux & d'autres mets ignorés de la claſſe indigente.

La *Polenta* des riches exige beaucoup plus d'apprêts. Lorſque la bouillie eſt faite, on la coupe encore par tranches très-minces, de l'épaiſſeur de deux lignes; on les étend dans une caſſerolle, en mettant du beurre & du fromage de Parmeſan à chaque couche, & par-deſſus du poivre, du gérofle & de la canelle en poudre. Les Milanois ſont très-friands de ce mets, auquel ils ajoutent, ſuivant les ſaiſons & les circonſtances, des foies gras, des crêtes de coq, des jus de viandes, des truffes noires, tout ce qu'ils imaginent, en un mot, d'agréable & de recherché.

De la Millaſſe ou Crûchade.

Quoique dans nos Provinces Méridionales, on faſſe uſage du *Maïs* ſous forme de pain, on n'en prépare pas moins une bouillie, connue ſous le nom de *Millaſſe* ou *Cruchade*, & qui conſtitue une partie de la nourriture des habitans de la campagne. Ils y font entrer, tantôt du lait ou du beurre, & tantôt de la graiſſe d'oie ou de cochon.

Préparation de la Miliaſſe ou Cruchade.

La préparation de cette bouillie ſe fait à peu-près de la même maniere que la *Polenta*, avec cette différence, qu'elle paroît avoir un peu moins d'épaiſſeur, qu'on peut par conſéquent la ſervir dans des aſſiettes, & la manger à la cuiller ; & c'eſt ce qui ſe pratique ordinairement.

On verſe la *Millaſſe* ou *Cruchade*, qu'on a intention de garder, dans des corbeilles garnies de linges, après y avoir préalablement répandu un peu de farine pour empêcher qu'elle ne s'y attache. Le lendemain, on coupe cette pâte par tranches, plus ou moins épaiſſes. Elle reſſemble à la mie de pain nouvellement fait & peu cuit. On les mange ainſi, ou bien on les fait chauffer ſur un gril, ce qui donne à ces tranches une eſpece de croûte, & par conſéquent plus de ſaveur. Les *Millaſſes* dans leſquelles il entre du lait, ſe conſervent moins long-temps que celles à la graiſſe. Ces dernieres durent cinq à ſix jours.

Il eſt inutile de dire ici que les gens riches ont trouvé auſſi le moyen de faire, avec la *Millaſſe*, des mets de fantaiſie ; & en diviſant les tranches par petits morceaux quarrés, & les faiſant rechauffer dans une friture de beurre ou de graiſſe, & les ſoupoudrant avec du ſucre.

Des Gaudes.

C'eſt ainſi que les Bourguignons, les Comtois & leurs voiſins, appellent la bouillie qu'ils préparent avec le *Maïs*. Mais ce grain a toujours paſſé au four avant d'être converti en farine ; ils nomment même cette farine *les Gaudes*, pour la distinguer de celle qu'ils emploient au pétrin, laquelle n'a point éprouvé de dessication préalable.

On mange les *Gaudes* sur des assiettes ou dans la chaudiere, comme le riz ou l'orge en gruau. C'est la subsistance principale de tous les gens de la campagne, pendant l'hiver ; & le premier repas des Batteurs en grange & des Domestiques.

Les *Gaudes* sont en si grand honneur parmi cette classe d'hommes, qu'une de leurs conditions avant de s'arrêter au service, c'est qu'on leur donnera des *Gaudes* ; & ce seroit pour eux un malheur réel que d'en être privés. Ils préferent ce déjeûner à tout autre ; il les soutient une partie de la journée, & ils le répetent le lendemain avec la même sensualité. Les enfans mangent les *Gaudes*, chaudes ou froides, toute la journée.

Préparation des Gaudes.

Mettez dans une chaudiere un tiers de pinte (1), mesure de Bourgogne, de farine de *Maïs*, cuite au four ; versez-y peu à peu six rez de lait, c'est-à-dire, une pinte & demie, mesure de vin de Bourgogne ; ajoutez-y une once de sel commun ; faites bouillir le tout légérement pendant une demi-heure, & les *Gaudes* seront cuites. On ajoute quelquefois du beurre.

Mais ce n'est pas toujours de cette maniere qu'on prépare les *Gaudes* : souvent les pauvres gens en Bourgogne n'ont pas le moyen de se procurer du lait, ni même du sel, cet assaisonnement essentiel, que la nature prodigue à l'homme, & qu'on lui vend si cher. Ils sont donc réduits à faire leurs *Gaudes* à l'eau, avec une farine où tout se trouve confondu ; ce qui produit une nourriture insipide & grossiere : mais enfin, elle soutient ces malheureux dans les travaux pénibles auxquels ils sont condamnés.

On prépare d'excellentes *Gaudes* avec deux cinquiemes d'eau & trois cin-

(1) La pinte de Bourgogne tient environ trois livres deux onces d'eau ; celle des grains est de la même continence. La pinte de lait est double de capacité ; & le rez est la sixieme partie de cette pinte.

quiemes de lait. Il faut que la farine ſoit bien démêlée, & parfaitement cuite. On doit prendre garde ſur-tout à trop pouſſer le feu, & à n'ajouter le ſel que vers la fin de la cuiſſon; ſans quoi on courroit le riſque de faire contracter aux *Gaudes* de l'âcreté, & un goût de brûlé.

Les *Gaudes* ſont devenues également un mets de fantaiſie; & il n'y a point de petites maîtreſſes qui n'échangent quelquefois leur café à la crême, contre la bouillie de *Maïs*. Les *Gaudes* paroiſſent ſur les meilleures tables; & depuis la femme du plus grand ton, juſqu'à la ménagere la plus obſcure, toutes mangent des *Gaudes;* les unes, il eſt vrai, avec un apprêt, que la fortune des autres ne leur permet en aucun temps.

Le lait d'amande, l'eau de fleur d'orange, les écorces de citron, rien n'a été oublié pour augmenter la délicateſſe des *Gaudes*: mais le peuple ne s'alimente ni de biſcuits, ni de crême. Jamais les repas ſomptueux des riches ne gagneront à mes travaux. Aſſez d'autres, ſans moi, traiteront ces objets; & quoique ce ſoit toujours la perfection des alimens qui fixe mes recherches, je m'attache à ne conſidérer que ceux auxquels les moyens du pauvre lui permettent d'atteindre.

Gaudes à la Courge.

On peut mêler de la citrouille ou de la courge aux *Gaudes*: il ſuffit de la faire cuire dans l'eau à part, & après l'avoir coupée par petits morceaux, on les écraſe avec une cuiller à pot; on les mélange, en même-temps que la farine, avec le lait, ou l'eau qu'on a employée.

Gaudes à la pomme de terre.

Comme le fruit de la famille des courges ne dure point pendant tout l'hiver, on pourroit y ſubſtituer, avec avantage, les pommes de terre. Il ſuffiroit de cuire ces racines, de les peler, de les écraſer, & de les ajouter comme des courges. Les *Gaudes* ne ſeroient pas moins ſalutaires & nourriſſantes, ſur-tout ſi elles étoient aſſaiſonnées convenablement.

Objections contre l'usage de la bouillie de Maïs.

On prétend que la bouillie de *Maïs* pese sur l'estomac de ceux qui s'en alimentent, à cause de la surabondance du mucilage qu'elle renferme; que d'ailleurs elle n'est point aussi substantielle que celle des autres farineux, & que quand on se nourrit de cet aliment, on a un besoin plus pressant de boire du vin, que quand on vit de froment.

RÉPONSE.

C'est sans doute d'après l'état grossier où paroît se trouver la bouillie de *Maïs*, lorsqu'elle a trop de consistance, qu'on en a conclu qu'elle étoit pesante & indigeste. Le moyen de la rendre plus légere, c'est de délayer la farine dans une plus grande quantité de véhicule, de la tenir plus long-temps sur le feu: qu'on la compare ensuite, dans cet état de mollesse, avec celle qui résulte du froment, & l'on jugera bien vîte que c'est celle du *Maïs* qui est la moins tenace & la moins visqueuse.

A qui pourroit-on persuader que cette nourriture n'est point substantielle, lorsque l'on sait que les habitans des Montagnes dans le Milanois, les Charbonniers, les Scieurs de long, qui en font la base de leur subsistance, sont les hommes les plus vigoureux & les plus robustes de l'Italie? Nous voyons les Comtois se livrer aux travaux les plus pénibles, partir pour les champs l'estomach rempli de *Gaudes*, & en revenir sans être vivement sollicités par la faim. Enfin, on a expérimenté qu'une bouillie composée de 48 livres de farine de *Maïs*, 168 livres d'eau & 2 livres de sel, a nourri & rassasié 110 personnes à Perpignan. Cette bouillie leur a été distribuée en deux repas.

Quant au vin, devenu, dit-on, nécessaire pour ceux qui vivent de bouillie de *Maïs*, dans la Lombardie & ailleurs, nous observerons que les Comtois & les Bourguignons qui recueillent dans leurs Provinces d'excellent vin, ne boivent que de la piquette qui éteint aisément la soif que peut donner la nourriture de *Maïs*. Cette prétendue nécessité du vin avec le *Maïs*, ne seroit-elle pas due, comme l'a observé M. *Adamoli*, à ce que les habitans faifant une épargne fur l'aliment principal, ils ont la faculté de fe procurer cette boiffon, & l'habitude leur a fait croire qu'il falloit plutôt en ufer que que quand ils fe nourriffoient de froment ? D'ailleurs le vin eft à très-bon compte dans tous les cantons à *Maïs.*

Toutes les autres accufations contre l'ufage de la bouillie du *Maïs*, ne font pas mieux fondées. M. le Profeffeur *Kalm* affure qu'elle eft préférée dans l'Amérique Septentrionale par les Anglais & les Hollandais, aux autres grains, dont ils ont d'amples provifions : & M. *Droz*, Secrétaire Perpétuel de l'Académie des Sciences de Befançon, que nous avons confulté, nous a mandé que les *Gaudes* étoient moins eftimées, à la vérité, dans les Montagnes que dans le plat Pays ; qu'on attribuoit bien à cette nourriture le teint jaune des femmes qui habitent ces Montagnes, & leurs groffes jambes ; mais que c'étoit fans aucun fondement, & que l'air y contribuoit pour le moins autant que la conftitution des races primitives.

Mais comment a-t-on pu reprocher aux *Gaudes* d'avoir de la vifcofité ? Elles, qui font de toutes les bouillies de *Maïs*, & des autres farineux, la bouillie qui mérite le moins un pareil reproche, puifque ce grain, avant d'être porté au moulin, a paffé au four, qui a détruit précifément cet état vifqueux, moins confidérable dans le *Maïs* que dans les autres grains ; & que d'ailleurs on donne aux *Gaudes* moins de confiftance & plus de cuiffon qu'à la *Polenta* des Italiens, & à la *Millaffe* ou à la *Cruchade* de nos Provinces Méridionales.

Nous avons fait des *Gaudes* avec du *Maïs* blanc, du *Maïs* jaune, réduits en farine, plus ou moins groffiere ; & nous avons obfervé que le *Maïs* blanc y eft en général moins propre, & que fi la farine très-fine fait des *Gaudes* plus délicates, elles font plus favoureufes avec la farine moins divifée.

Les *Gaudes* conviennent à tous les âges : beaucoup d'eftomacs fe font raccommodés par leur ufage. On les ordonne quelquefois aux convalefcens, & jamais on ne s'en laffe. Enfin il feroit à défirer que jamais on ne préparât d'autre bouillie, que celle dont il s'agit. La bouillie de froment, faite même avec le plus grand foin, eft l'aliment le plus lourd & le plus indigefte, & mérite tous les reproches dont nous venons de difculper les *Gaudes.*

ART. VI.

Emploi du Maïs *en galette.*

Ecoutons les Compilateurs dont le ſiecle abonde. Rien n'eſt plus facile, ſelon eux, que de faire du pain de *Maïs*, comparable pour la légéreté, à celui de froment ; & ſi l'on les en croit, c'eſt toujours ſous cette forme, que ce grain ſert de nourriture aux différens peuples de la terre. Mais ſuivons enſuite les détails des pratiques employées, ſoit par les natifs de l'Amérique, ſoit par les Européens établis dans cette partie du monde, & l'on eſt bientôt convaincu que ce prétendu pain n'eſt qu'une véritable galette, puiſqu'après avoir broyé le *Maïs*, ils mêlent ſa farine avec l'eau pour en former, ſans le concours d'aucun levain, une pâte qu'ils cuiſent ſur le champ, & mangent toute chaude au ſortir du four (1).

Quand les Auteurs ceſſeront-ils de qualifier du nom de Pain, des ſubſtances qui en ſont entiérement éloignées, & de confondre une ſubſtance légere, œilletée, ſavoureuſe, avec une maſſe lourde, compacte & inſipide? Quand ceſſeront-ils de s'en rapporter aveuglément à la foi d'autrui, ſans ſe donner la peine de comparer, & de répandre par leurs Ecrits les propos ſuſpects du vulgaire, qui ſouvent les trompe, parce qu'il rend mal ce qu'il a éprouvé, ou vu ? Je le répete, le pain de *Maïs* eſt peu connu en Amérique ; & la farine de froment, elle-même, y eſt plus ſouvent convertie en galette, qu'en pain levé. Le pain & la galette, quoique compoſés de farine & d'eau, ſont entierement différens dans leur aſpect & dans leur goût (2).

(1) Les précautions employées aujourd'hui pour achever la fermentation de la pâte au four, étoient inutiles, lorſque les hommes ne mangeoient les farineux que ſous forme de galette. Un trou en terre, l'âtre de la cheminée, ou un gril ; voilà quels ont été par-tout les premiers fours, & quels ſont encore ceux des peuples des Provinces Méridionales du Mexique, qui menent une vie errante & vagabonde, comme autrefois les Scythes. La cuiſſon de la galette de *Maïs* eſt encore fort bornée parmi eux.

(2) Ils ont aux Indes un nom générique pour exprimer le pain ; ils l'appellent au Pérou *Tanta* : mais c'eſt toujours une galette de *Maïs*, plus ou moins mal préparée. Tantôt c'eſt la

Préparation de la Galette de Maïs.

C'eſt une préparation bien facile à faire, que la galette de *Maïs ;* il n'eſt queſtion que de mêler ſa farine avec de l'eau, plus ou moins chaude, pour en former une pâte molle, que l'on cuit ſur le champ au four, ou dans l'atre de la cheminée, en ajoutant un demi-gros de ſel, environ, par livre de farine.

Il faut obſerver que la galette ne ſoit pas trop épaiſſe, & que pour la cuire, la chaleur du four ſoit douce, afin qu'elle ne ſaiſiſſe pas trop vîte la ſurface de la pâte, qui, devenue croûte, mettroit bientôt un obſtacle à l'échappement de l'humidité, & empêcheroit l'intérieur de ſe reſſerrer, & de prendre le degré de cuiſſon convenable.

On mange ces galettes toutes chaudes, au ſortir du four, avec du lait, du bouillon, du lard, de la viande, & généralement avec tout ce qu'on a coutume de manger avec le pain. Elles ne ſont pas auſſi bonnes, quand elles ſont refroidies.

Il ne faut pas croire que, malgré la très-grande facilité de préparer la ga-

pâte telle qu'elle ſort de leurs meules, dont ils font un rouleau, qu'ils enveloppent d'une feuille de *Maïs*, & qu'ils expoſent enſuite ſur des charbons ardens, ou ſur une pierre rougie au feu, & qu'ils mangent toute chaude, parce qu'ils ont remarqué que refroidie, elle n'étoit pas auſſi ſavoureuſe ni auſſi aiſée à mâcher. Tantôt ils font bouillir le *Maïs*, pour le ſécher & le broyer enſuite ſous leurs pierres ; ils forment la pâte, & la cuiſent ſous les cendres, ou dans des fours ſous terre. Il n'eſt donc jamais queſtion ni de levain, ni de ſel, ni de pêtrir, ni de faire fermenter. On remarque même que ce prétendu pain ſe prépare ſi promptement, que les convives ſe mettent à table avant qu'il ne ſoit cuit. Les Portugais, qui ont tranſporté le *Maïs* dans l'iſle Saint-Thomas, & de là ſur la côte d'Or, ont la réputation de faire d'excellent pain de *Maïs*, qu'ils vendent fort cher aux Européens ; mais ce n'eſt encore que du gâteau. Enfin, il en eſt de ce pain, comme de celui de châtaigne, de riz, &c. Il eſt inoui qu'on en ait jamais mangé, qu'on en ait même vu, excepté quelques eſſais. Les Auteurs, qui ſe copient ſi ſervilement les uns les autres, n'ont avancé à ce ſujet que des menſonges. Les Limouſins mangent leurs châtaignes en glandées, & ils n'ont jamais ſongé, même dans les temps de diſette de grains, à s'en nourrir autrement. Il eſt phyſiquement impoſſible de faire du pain levé avec le riz ; & le pain de caſſave n'eſt abſolument qu'une véritable galette.

lette de *Maïs*, elle soit par-tout au même degré de bonté : elle a, comme le pain, quoique provenant du même grain, des nuances de qualité différente, qui dépendent, tantôt de la mouture, & tantôt de la fabrication.

Les Espagnols, qui paroissent avoir appris des Américains cette maniere simple d'apprêter le *Maïs*, ne suivent point par-tout le même procédé. Les habitans des montagnes de *Sant-Ander*, observent beaucoup de précautions pour cuire leur galette au four. Ceux de plusieurs pays de la Biscaye, font autant de galettes qu'il y a de personnes dans la maison. Ils se servent, suivant l'observation de M. *Née*, d'un petit gril de fer rond, sur lequel ils font prendre à chacune de leurs galettes un peu de croûte, & après cela ils les exposent devant le feu, afin de laisser achever leur cuisson; tandis que dans plusieurs endroits des Asturies, ces galettes, très-épaisses, sont abandonnées, toute la journée, sous des cendres à peine chaudes, recouvertes de paille & de feuilles séchées ; d'où résulte nécessairement un aliment mal-propre, à demi-cuit, ayant un goût de fumée détestable.

OBSERVATIONS.

Il y a des Naturalistes & quelques Voyageurs, qui ont accusé la galette de *Maïs*, ou le pain dans lequel sa farine entre pour un tiers ou pour moitié, de causer des aigreurs, des constipations, la galle, & de petits vers blancs particuliers : mais les Américains, & quelques Espagnols qui habitent les cantons où on fait le plus d'usage de ces galettes, conviennent tous qu'elles n'ont aucune de ces propriétés malfaisantes, qu'il n'y a point de grain dont la nourriture soit plus constamment salutaire, qu'enfin la vigueur des hommes & des animaux qui vivent de cet aliment, en font la preuve la plus complete.

Des Gâteaux de Maïs.

Lorsqu'on ajoute à la galette de *Maïs* des assaisonnemens & des véhicules, autres que le sel & l'eau, elle porte alors le nom de gâteau. Tous les Peuples qui cultivent ce grain, ont chacun leur maniere de le préparer. La plus généralement adoptée, consiste à n'employer, pour cet objet, que la farine la plus belle & la plus fine, que l'on mêle avec du lait & de la crême, &c. &c.

Ces gâteaux sont connus dans le haut Languedoc, sous le nom de pain de millet, *Milhasset*, *Cassolle.* On les appelle en Bourgogne, *Flamusse*, *Miliasse.* Quelquefois on y emploie la farine de froment. Ces gâteaux servent dans les fêtes de Village; & on les vend en Italie dans les rues des grandes Villes. Enfin, il n'y a pas jusqu'aux nations les moins civilisées de l'Amérique, qui ne donnent à la galette de *Maïs* un air de gâteau, en y ajoutant des baies de divers arbrisseaux, qu'ils ramassent pendant l'été, & qu'ils font sécher pour cet usage, en tenant la pâte plus molle, & la mettant bouillir dans l'eau (1).

Mais nous nous engagerions dans une immense nomenclature, si nous voulions faire entrer ici les recettes de tous les mets que la fantaisie a imaginé de préparer avec le *Maïs.* Cependant pour avoir une notion de ce que l'art du Patissier pouvoit en retirer, considéré sous ce point de vue, j'ai prié M. *Gendron*, qui seul a déjà su donner à la pomme de terre, la faculté de se métamorphoser en un gâteau plus léger & plus agréable, que celui dit *gâteau de Savoie;* je l'ai prié, dis-je, de tenter quelques essais : & il s'en faut que les résultats qu'il a

(1) Le *bolle* de *Maïs* n'a aucune ressemblance avec le pain de froment, ni pour la forme, ni pour la couleur, ni pour le goût. Il a la figure d'un gâteau ; il est blanc, mais fade & insipide. La maniere de faire le *bolle*, c'est de tremper le *Maïs*, de l'écraser ensuite entre deux pierres ; après quoi, à force de le broyer & de le changer d'eau, on vient à bout d'en séparer la peau ou gousse qui l'enveloppoit. L'ayant bien nettoyé, on le pêtrit, & puis on recommence à le moudre, comme auparavant ; ensuite on l'enveloppe dans des feuilles de Plane ou de *Vyahua*, qu'on met dans des pots pleins d'eau auprès du feu, pour le cuire. Etant cuit, on le retire de là pour manger. Cette espece de pain ne se conserve pas long-temps ; passé vingt-quatre heures, il devient pâteux, & n'est point du tout bon à manger. Dans les bonnes maisons, on pêtrit le *bolle* avec du lait, & il n'en est que meilleur ; mais jamais on ne peut parvenir à le faire lever, parce que les liquides ne peuvent bien le pénétrer, & qu'il ne change jamais sa couleur naturelle : par conséquent il ne prend aucun goût étranger, & conserve toujours celui de la farine de *Maïs*. Dans tous leurs autres repas, la coutume a jeté parmi eux, dès le berceau, de si profondes racines, qu'ils ne balancent pas de préférer le *bolle* au pain de froment. Ils font encore d'autres patisseries avec la farine de *Maïs*, & en composent divers mets aussi bons pour la santé que le *bolle*, qui ne fait jamais mal à ceux qui y sont accoutumés. *Voyage Historique de l'Amérique méridionale*, &c.

obtenus, ſoient à dédaigner des perſonnes qui aiment la patiſſerie : elles trouveront amplement dans celle de *Maïs*, de quoi ſatisfaire leur goût, ſans nuire à leur ſanté. Il ſeroit même à déſirer qu'on n'en préparât qu'avec ce grain ; on entendroit moins ſe plaindre des farineux en général.

Mais de quelle utilité ſeroient de pareils détails ? L'Académie n'a pas eu deſſein d'étaler ſur la table des riches l'abondance des mets, mais bien d'offrir une reſſource à la claſſe indigente. La nourriture principale du peuple eſt l'objet de ſes ſollicitudes : ſon vœu, c'eſt d'en améliorer la qualité, & d'en diminuer le prix.

ART. VII.

Emploi du Maïs *en pain.*

Les plaintes qui ſe ſont élevées ſouvent contre l'état peſant & maſſif du pain de *Maïs*, ſans le concours d'aucun autre grain, les vœux que forment depuis long-temps nos Compatriotes ſur l'amélioration de leur nourriture fondamentale, l'opinion dans laquelle je ſuis que cet objet, quoiqu'à la rigueur étranger à la queſtion propoſée par l'Académie, ne ſauroit déplaire à cette ſavante Compagnie ; toutes ces circonſtances, en un mot, m'ont déterminé à entreprendre une ſuite d'expériences, pour ſavoir s'il ne ſeroit réellement pas poſſible d'en perfectionner la fabrication. Ce ſont ces expériences que je préſente ; & quoique leur réſultat ne ſoit pas auſſi ſatisfaiſant que je l'aurois déſiré, je crois utile de terminer cet Ouvrage par en expoſer le précis : peut-être un jour mettront-elles ſur la voie pour faire de nouvelles tentatives ; je déſire qu'elles ſoient plus heureuſes.

Le *Maïs* n'eſt pas toujours employé pur à la confection du pain : il faut même que le pays ſoit bien dépourvu d'autres grains, pour ne ſe ſervir que de celui-là, ou que l'habitude de s'en nourrir ſoit bien impérieuſe ſur les habitans. Le procédé ſuivi, dans l'un & dans l'autre cas, me paroît trop défectueux, pour ne pas m'empreſſer d'indiquer les moyens de le rectifier.]

Du pain de Maïs, *mêlangé avec les autres farineux.*

S'il eſt déſavantageux, comme nous croyons l'avoir démontré, de porter au moulin des grains mêlangés, quoique de nature différente, il ne l'eſt pas moins de réunir enſemble leurs farines, après la mouture. Celle que la nature ſemble avoir vouée plus ſpécialement à la fabrication du pain, ne devroit jamais y entrer que dans l'état de levain, parce que ce ferment eſt l'ame de la boulangerie, ſi je puis m'exprimer ainſi; c'eſt ſur lui, que toute l'attention doit ſe porter; & en le compoſant de farine de froment ſeul, ſon action a bien plus d'énergie, que s'il étoit formé d'autre farine.

Procédé du pain de Maïs *mêlangé.*

Je ſuppoſe qu'on veuille fabriquer du pain, compoſé de farine de *Maïs* & de farine de froment, à parties égales; voici de quelle maniere il faut procéder.

Le ſoir, la veille de la cuiſſon, on prendra le morceau de levain mis de côté de la derniere fournée; on le délayera avec la farine de froment & de l'eau, froide en été, & chaude en hyver. On formera du tout une pâte très-ferme, qu'on laiſſera dans le pêtrin, fermenter pendant toute la nuit.

Le lendemain matin, on mettra la farine de *Maïs* dans le pêtrin, au milieu de laquelle on pratiquera une cavité, pour y dépoſer le levain, & demi gros de ſel par livre de pâte, que l'on démêlera très-exactement avec de l'eau chaude. On pêtrira le tout vivement & légérement, de maniere à donner au mêlange le plus de liant & de viſcoſité poſſible.

On diviſera après cela toute la maſſe, en portions de deux, quatre, ſix à huit livres, qu'on façonnera, & qu'on diſtribuera dans des corbeilles, ou ſur des planches pour lever. On aura ſoin pendant ce temps, de chauffer le four; on enfournera la pâte, & on laiſſera cuire pendant une heure & demie, ou deux heures, ſelon la ſaiſon & le volume des pains. Mais il faut toujours que le

four

four soit un peu moins chaud, & que la pâte y séjourne plus long-temps, que pour le pain de pur froment.

Ce pain, quand les farines qu'on y a employées sont bien faites, est fort agréable à l'œil & au goût : sans être très-léger, il est parfaitement levé, d'un jaune clair.

OBSERVATIONS.

Je ne me suis arrêté aux proportions de farine de froment & de *Maïs* que j'indique, qu'après avoir multiplié les essais avec les différens grains employés dans toutes sortes d'états, pour savoir si le *Maïs* ne disparoîtroit pas à la faveur du pétrissage ; quelle seroit, dans ce cas, la qualité de pain qui en résulteroit , & jusqu'à quel point ce supplément pourroit épargner de grains, dans une circonstance où il y auroit cherté ou disette.

La farine de *Maïs* a donc été employée concurremment avec celle de froment & de seigle, blanche ou bise, dans des proportions différentes ; savoir, depuis un seizieme jusqu'aux deux tiers. Le pain qui en provenoit, n'étoit ni aussi léger, ni aussi blanc que celui de la même farine prise séparément ; il avoit une couleur jaunâtre, d'autant plus foncée, que la farine de *Maïs* étoit moins tenue, & s'y trouvoit en plus grande quantité, au point que sa présence se faisoit déjà remarquer sensiblement par l'aspect & par le goût, dans du pain mêlangé, où il n'entroit qu'une once de farine de *Maïs* par livre de pâte.

Si une très-petite quantité de farine de *Maïs* est déjà capable d'altérer la blancheur & la légereté du pain de froment, à plus forte raison le seigle, l'orge, le sarrasin, doivent-ils se ressentir de cet inconvénient. Aussi ces grains, dont la pâte ne leve qu'avec difficulté, qui ont en outre une couleur qui leur est propre, mêlangés & traités de la même maniere, ont-ils fourni des résultats défectueux à raison de la plus ou moins grande facilité avec laquelle leur farine peut fermenter & cuire.

Je ne suis donc parvenu, après bien des tâtonnemens, à diminuer l'état mat & gros que le *Maïs* communique au pain de tous les grains indistinctement, qu'en mettant leurs farines à parties égales, mais sous forme de pâte fermentée. Les résultats étant moins imparfaits, je crois que c'est le seul procédé qu'on puisse employer dans cette circonstance.

Pain de Maïs *avec la pomme de terre.*

Comme il pourroit arriver, que, par une suite de mauvaise récolte, ou par l'oubli des précautions, les grains destinés à la fabrication du pain, ne se trouveroient pas en proportion avec la consommation journaliere, j'ai pensé que si un jour on parvenoit à mettre les Landes de Bordeaux en valeur, plus utile pour les besoins directs de l'homme, ce seroit par la culture des pommes de terre, qu'on commenceroit ce défrichement si désiré; & que ce végétal, employé en dernier lieu à augmenter la masse du pain des habitans de quelques cantons, deviendroit, peut-être, pour la Province de la Haute & Basse Guienne, un supplément également avantageux en cas de disette de grains.

Une observation essentielle à faire ici, c'est que toutes les fois qu'il s'agira de mêler la pomme de terre avec les différens grains, c'est toujours sous la forme de pâte tenace & glutineuse qu'il faut réduire ces racines; & on leur donne aisément cette forme en les faisant cuire dans l'eau, & les écrasant sur le champ au moyen d'un rouleau de bois. Cette opération est d'autant plus utile, que les pommes de terre, en cet état, donnent de la liaison à la farine de *Maïs*, & à celle des autres grains qui pechent par ce côté.

Pour voir si la pâte des pommes de terre s'assimileroit à celle de *Maïs*, au point de ne plus être reconnue par l'organe du goût, je les ai employées en différentes proportions avec cette farine; & j'ai remarqué que les pains les moins défectueux que j'ai obtenus, étoient ceux dans lesquels le *Maïs*, la pomme de terre, le froment ou le seigle, entroient chacun pour un tiers, & ces derniers sur-tout, dans l'état de levain. J'ai observé de plus, qu'il falloit faire ces pains moins grands, tenir le four moins chaud, & laisser la pâte y séjourner plus long-temps.

Ce pain mêlangé, comme nous le disons, vaut infiniment mieux que celui dont nos pauvres Vignerons s'alimentent, composé d'orge, de sarrasin & d'avoine, de criblures de blé & de seigle. Ils pourroient améliorer cette mauvaise nourriture, s'ils plantoient toujours aux pieds de leurs vignes du *Maïs* & des pommes de terre, deux plantes qui peuvent se trouver par-tout, & ensemble, sans se nuire.

Mais la pomme de terre n'a pas toujours besoin de l'appareil de la boulangerie, pour devenir une nourriture substantielle & bienfaisante : la nature y a suffisamment pourvu. Elle renferme les différentes substances essentielles au méchanisme de l'aliment. C'est une sorte de pain que la providence offre aux hommes, tout fait ; elle n'a besoin que de la seule cuisson, pour prendre tous les caracteres d'une nourriture digestible.

Quand on réfléchit que les années les moins riches en grains, sont extrêmement abondantes en pommes de terre, & *vice versâ*, n'est-ce pas une fatalité que dans beaucoup de cantons, même les plus propres à cette production, il regne encore de la défiance à l'égard de ce dédommagement, dont il ne tient qu'à nous de profiter. La pomme de terre ne craint ni la grêle, ni le vent, ni la coulure, ni les autres accidens qui arrivent à nos champs & à nos vergers ; elle se plante après toutes les semailles, & se récolte après toutes les moissons.

Pain de Maïs *sans mêlange.*

Il existe des cantons dans le Royaume, où le *Maïs* cultivé en grand, n'a jamais servi à faire du pain : seulement les gens de la campagne en font entrer dans celui de froment ou de seigle, dont ils ont toujours suffisamment pour cet emploi. Il y a d'autres Provinces au contraire, où les habitans ne connoissent que le pain de *Maïs*, quoiqu'ils consomment aussi ce grain sous forme de bouillie & de gâteaux, parce que vraisemblablement cette production y est à bon marché ; que le sol lui est plus favorable, ou bien que les habitans se réduisent à cette seule nourriture. J'ai cru devoir multiplier les tentatives à cet égard, encore plus que pour le pain mêlangé.

Quelques Auteurs ont avancé vaguement que l'on faisoit du pain de *Maïs* en Amérique ; mais, comme je l'ai observé plusieurs fois, ce n'est que de la galette. Nous ignorions donc à Paris le procédé que suivent nos compatriotes pour cette fabrication, lorsqu'il nous fut communiqué par M. *Bayen*, Apothicaire-Major des Camps & Armées du Roi, qui le tenoit lui-même de M. *Disse*, Médecin, & Membre de la députation des Etats du Béarn ; & nous nous sommes empressés dans le temps, de le publier.

Cependant, après avoir répété l'épreuve à différentes reprises, nous avons cru remarquer qu'il n'étoit pas suffisamment développé. On n'a pas fait mention d'abord du sel qu'il faut nécessairement ajouter au pain de *Maïs*. La quantité de levain, le temps nécessaire pour l'apprêt de la pâte, ne semblent pas bien déterminés. Tout ce qu'on peut conjecturer, c'est que la farine qu'on y emploie, doit être dans un état grossier, puisque l'on recommande toujours, comme une condition essentielle au succès du procédé, l'eau dans l'état bouillant.

Premier procédé pour faire le pain de Maïs.

On met dans le pétrin, toute la farine de *Maïs* qu'on destine à la fournée. On la divise en deux portions égales ; l'une est employée à préparer le levain, & l'autre à faire la pâte.

On prend la moitié de la farine de *Maïs*, au milieu de laquelle on pratique une cavité pour y déposer le morceau de levain, mis en réserve de la derniere fournée. On y verse de l'eau chaude, ayant soin de la bien mêler avec la pâte. La masse étant bien couverte, on la laisse fermenter, toute la nuit.

Le lendemain matin, on ajoute à la pâte le restant de la farine, un gros de sel par livre de pain, & de l'eau pour en former une pâte molle. Lorsqu'on apperçoit que la pâte est suffisamment levée, on la délaie de nouveau avec de l'eau froide, en quantité suffisante pour lui donner encore moins de consistance. On en remplit ensuite des terrines garnies de grandes feuilles de châtaignier ou de choux, qu'on a fait faner en les approchant du feu.

Les terrines étant remplies à un pouce près, on les met au four. La pâte se gonfle un peu en cuisant, ce qui augmente la croûte qu'on laisse cuire autant qu'il est nécessaire.

Quelque temps après que la pâte est au four, il faut la renverser des terrines, afin d'achever plus promptement & plus efficacement la cuisson. Le pain s'en détache aisément, ainsi que les feuilles.

Nous n'avons pas déterminé ici la quantité d'eau à employer au pêtrissage, parce qu'elle dépend de la sécheresse du *Maïs*, & de la maniere dont il a été moulu. Nous observerons seulement que la pâte préparée pour le levain, doit être plus ferme que celle à mettre au four. L'expérience & l'habitude apprendront bientôt d'ailleurs à ne pas se tromper sur cet objet.

Le pain de *Maïs* pur est toujours gros & compact; les yeux en sont petits, de quelque maniere que je m'y sois pris pour le préparer. Il se moisit d'autant plus vîte, que la saison est plus chaude & que les masses sont plus considérables. Au reste, je n'exagérerai point en assurant que j'ai employé trois mois consécutifs pour tâcher de diminuer ces défauts; j'ai essayé la levure de bierre, dont l'effet plus prompt & plus actif me donnoit lieu d'espérer un pain plus léger; j'avoue que jamais l'insuffisance de l'art ou de mes moyens, ne m'a coûté plus de regrets.

OBSERVATIONS.

Tout défectueux que soit le pain de *Maïs*, comparé à celui de froment le mieux fabriqué, j'ai cru que le seul moyen de bien juger sa qualité, étoit de le comparer avec celui du Pays même, d'où le procédé nous étoit venu. En conséquence j'écrivis à Navarrins, à M. *Magen*, Apothicaire Aide-Major des Hôpitaux Militaires, jeune homme intelligent, qui m'avoit déjà procuré de bons renseignemens sur l'objet qui m'occupe. Je le priai de vouloir bien m'envoyer un pain de *Maïs* pur dans la terrine où l'on avoit coutume de le cuire: mais malgré les précaution employées, ce pain qui avoit voyagé pendant les plus fortes chaleurs, me parvint tellement détérioré, qu'il fut impossible de remplir mes vues. Je remis donc l'examen à l'hiver.

Inftruit de l'état défectueux où étoit arrivé ce pain à Paris, M. *Magen*, dont je ne puis affez louer le zele & l'honnêteté, m'en adreffa un autre, que je reçus à la fin de Janvier. Il étoit également renfermé dans fa terrine. Quel fut mon étonnement, en voyant au lieu de pain, une maffe de pâte ferrée, graffe, & à peine cuite! C'eft alors que mes efpérances fe ranimerent, & que je cédai à un fentiment de trifteffe, mêlé de confolation, en m'écriant: Quel pain mangent nos compatriotes les Béarnois! Ils en prépareroient de bien meilleur, & à moins de frais, s'ils renonçoient à leurs terrines étroites & profondes, s'ils faifoient des maffes moins confidérables, & s'ils achevoient leur cuiffon à nud dans le four. Mais combien ce pain acquerroit de qualité, fi la farine étoit toujours parfaitement moulue! Alors il ne faudroit plus employer d'eau bouillante; le pétriffage, ainfi que la fermentation, s'opéreroient plus complettement; il ne feroit pas néceffaire de chauffer autant le four. Enfin, la fabrication du pain de *Maïs* fans mêlange, rentreroit dans le procédé général, feroit moins embarraffante, & plus certaine.

Deuxieme procédé pour faire le pain de Maïs.

Ce procédé reffemble au premier, excepté que pour l'exécuter, il faut néceffairement que la farine de *Maïs* foit très-fine; l'eau pour pétrir, tiede; que la pâte foit bien travaillée, & qu'une fois mife à fermenter, on n'y ajoute plus d'eau avant de la mettre au four.

On prend donc un morceau de levain, réfervé de la derniere fournée. On le délaye avec la moitié de la farine deftinée au pétriffage, & de l'eau tiede, pour en former une pâte ferme, qu'on place dans un lieu chaud pour qu'elle leve.

Trois heures après, on démêle ce levain avec le reftant de la farine, & fuffifamment d'eau tiede pour former une pâte très-molle; & quand elle a été pétrie comme il convient, on la diftribue dans des terrines évafées, garnies de feuilles de choux ou de châtaignier, que l'on place deux heures après au four. Dès que la pâte a éprouvé la premiere action de la chaleur, on renverfe les terrines, pour donner à la totalité du pain le même degré de cuiffon.

En donnant à la pâte plus de consistance, on pourroit la mettre au four sans qu'il fût nécessaire de la renfermer dans des terrines. Mais cette pâte, au lieu de se tuméfier par l'action de la chaleur, tend toujours à se déformer & à s'applatir : le pain alors devient très-mince, & prend trop de croûte.

OBSERVATIONS.

[J'ai déjà fait observer que la farine de *Maïs* blanc n'étoit pas aussi propre à la confection de la bouillie, que celle de *Maïs* jaune : mais elle a eu en revanche dans mes essais en pain, l'avantage de la supériorité, soit que je l'aie mêlangée avec les autres farineux, ou bien seule, sans aucun secours étranger. Ainsi, je crois que les hommes qui vivent de *Maïs* sous forme de pain, feront bien de suivre la méthode des Béarnois, qui se servent de cette variété, de préférence pour cet objet.

Mais s'il ne faut employer l'eau excessivement chaude, que dans le cas où la farine est très-grossiere, afin de donner de la continuité à la pâte, on doit bien se garder de convertir cette farine en bouillie, avant de la mêler avec le levain; & quoique ce procédé ait été vanté dans nos Ecoles, à cause de sa source, nous déclarons que c'est le moyen le plus assuré d'augmenter l'état gras & humide du pain de *Maïs*.

Il n'est pas vrai d'ailleurs que la farine de *Maïs* exige plus de temps pour bien cuire, que celle de blé, quand elles sont mêlées ensemble. Le fluide échauffé au terme de l'eau bouillante, dissoud & fond à-la-fois chacune de leurs molécules, & forme une masse homogene, plus ou moins œilletée & légere, à raison du travail & de la qualité des matieres employées.

Des Terrines.

Les terrines dans lesquelles ont fait cuire le pain de *Maïs* pur, ont assez généralement la même forme. Ce sont des cones tronqués, renversés, plus ou moins grands, selon les besoins de ceux qui en font usage (1).

(1) Aux environs de Damas, où la culture du *Maïs* est établie comme dans toutes les échelles du Levant, on ne se sert pas de terrines pour cuire le pain préparé avec ce grain. Les ha-

Celles que j'ai reçues du Béarn, n'ont que la moitié de la grandeur ordinaire. Elles ont dix pouces de diametre à l'ouverture, fur fix de profondeur, & quatre pouces au petit diametre. On peut y mettre fept à huit livres de pâte.

On devine bien fans doute, que la chaleur du four pénetre difficilement à travers de pareils vafes remplis d'une pâte ferrée, graffe & vifqueufe, qui, ne pouvant exhaler la furabondance d'eau introduite dans le pêtriffage, refte humide, compacte, & conferve le caractere d'une bouillie épaiffe, plutôt que celui de pain.

Nous croyons donc que les feules terrines dont il faut fe fervir pour la cuiffon

bitans ont trois efpeces de four. La premiere, eft celle qui eft en ufage en France. La feconde, dont fe fervent particulierement les gens de la Campagne, eft conftruite en terre glaife La forme de ce four eft celle d'un pâté rond, relevé en voûte, n'ayant qu'une ouverture au fommet. C'eft par cette ouverture qu'on met au four; & c'eft par dehors qu'on le chauffe dès le foir. On bouche l'ouverture avec quelques briques, enfuite on couvre le four dans fon entier, même les briques de l'ouverture, avec la fiente des animaux; on met le feu à cette fiente, qui s'allume infenfiblement, & échauffe ainfi tout le maffif du four. Le matin, après avoir préparé les pains qu'on a réfolu de cuire, on débarraffe le four des cendres qui font encore enflammées; on enleve les briques qui fermoient l'ouverture, & l'on enfourne les pains, qu'on arrange fur l'âtre proportionnellement à fa grandeur. On rebouche enfuite l'ouverture, & l'on recouvre le tout de nouvelle fiente, à laquelle on ajoute les cendres enflammées qu'on avoit écartées. Cette fiente s'allume comme la premiere fois, & donne le chauffage néceffaire pour cuire le pain. On le laiffe jufqu'à ce que le four foit prefque refroidi; on le retire alors, & il eft en état d'être mangé. La rareté du bois oblige les habitans de la Campagne à cuire ainfi le pain, préparé foit avec le froment, foit avec le *Maïs*. Ces pains font toujours en petites maffes applaties, ce qui leur fait prendre en peu de temps le degré de cuiffon néceffaire; & fouvent même on les ôte du four à demi-cuits, & ils fe débitent également bien. Dans les Villes, on ne chauffe les fours qu'avec de chénevotes de chanvre, ou bien avec une efpece de chardon qui croît dans les lieux incultes.

La troifieme efpece de four, eft comme un tonneau affis, & couvert par le haut; il eft d'une terre de poterie bien cuite. Tout au-tour, il a une efpece de maçonnerie en pierre ou en terre, pour empêcher les chofes qui pourroient le brifer, & pour conferver la chaleur. Son ouverture eft un peu rétrecie. L'Evangile lui donne le nom de *Clibanus*. Pour le chauffer, on y allume des herbes feches, ou d'autres matieres combuftibles; lorfqu'il eft chauffé, on pofe les pains, plus ou moins applatis, fur une efpece de couffin rond, au moyen duquel on les applique aux parois internes du *Clibanus*; & lorfqu'à la couleur on juge qu'ils font affez cuits, on les retire pour faire place à d'autres qui ne le font pas encore. Le feu demeure au fond du *Clibanus*, jufqu'à ce qu'on ait fini: on l'augmente même, quand on s'apperçoit qu'il n'y a plus affez de chaleur.

du

du pain de *Maïs*, doivent être évasées & peu profondes, de maniere que le pain n'ait pas plus de deux à trois pouces d'épaisseur. Une autre condition est que ces terrines ne doivent contenir la pâte, que jusqu'au moment où elle a assez de consistance pour être renversée sur l'âtre, & achever sa cuisson. Alors la croûte se forme tout autour, après avoir favorisé l'évaporation de l'intérieur, qui se trouve parsemé de cellules petites & très-multipliées.]

Réflexions sur le pain de Maïs *sans mélange.*

Je n'exposerai pas ici les raisons physiques qui s'opposent à ce que la farine de *Maïs*, la plus fine & la mieux blutée, puisse jamais se changer en un pain comparable à celui de froment ou de seigle : je dois seulement observer, qu'il n'y a point de manipulations pratiquées en boulangerie que je n'aie mises en œuvre, point de procédés chymiques que je n'aie employés, pour obtenir plus de succès.

L'absence de la matiere glutineuse dans le *Maïs*, rendra toujours la pâte de ce grain, *courte*, & peu propre à obéir, sans se rompre, au mouvement de la fermentation panaire : peut-être l'art pourra-t-il suppléer à ce défaut par l'addition de quelque substance visqueuse, en supposant cependant qu'on ne rendra point l'opération plus coûteuse ; car la plus légere dépense dans la préparation de l'aliment journalier pour le riche, en devient bientôt une très-considérable pour la classe indigente.

Il seroit donc possible que, par la suite, on pût obtenir des résultats plus satisfaisans : mais quels qu'ils soient, j'ose assurer, sans crainte d'être jamais démenti, que la farine de *Maïs* manquera toujours de ce liant & de cette glutinosité si bien caractérisée dans le froment, si essentiels à la fermentation de la pâte & à la bonne qualité du pain ; que celui dont il s'agit, aura constamment une nuance jaunâtre ; qu'il sera compacte & gras ; que ces effets dépendent de matieres inhérentes à ce grain, qu'on parviendra bien, à force de recherches & de tentatives, à diminuer, sans en pouvoir faire disparoître entierement la cause.

CONCLUSION.

Tels ſont les procédés, & les vues que j'ai cru devoir préſenter ſur les deux points de la queſtion propoſée.

J'ai d'abord cherché par toutes les voies que l'art ſuggere, à approfondir la nature & les propriétés des parties conſtituantes du *Maïs*, conſidéré chymiquement; ſoit pour connoître quelles étoient les reſſources que chacune d'elles pouvoit offrir en particulier, relativement aux arts & à l'économie, ſoit pour établir ſon analogie avec les autres grains.

Cette connoiſſance une fois acquiſe, je me ſuis attaché à examiner les différentes méthodes uſitées pour conſerver le *Maïs*, ainſi que les raiſons qui devoient déterminer ſelon les temps, les lieux & les climats, à adopter l'une par préférence à l'autre; en obſervant que quand par défaut d'emplacement, on ne pouvoit tenir toute la proviſion ſuſpendue en épis au plancher, il falloit néceſſairement attendre que leur deſſication fût complette avant de les égrener, ne les moudre que par des moulins bien montés, des meules piquées en rayons circulaires, & ſe ſervir de bluteaux qui ne permiſſent point à l'écorce, ou au ſon, de ſe tamiſer en même-temps que la farine; alors cette farine, plus pure & plus parfaite, deviendroit d'une garde facile, certaine & durable, ſurtout ſi au lieu de l'abandonner à toutes les intempéries de l'air, à la pouſſiere, & à la voracité des animaux deſtructeurs, on la renfermoit au ſortir du moulin, dans des ſacs iſolés, placés dans le local le plus ſec, le plus frais & le plus propre du bâtiment.

Après avoir donné à ce premier objet tous les développemens dont il paroiſſoit ſuſceptible, j'ai indiqué les différens uſages auxquels il ſeroit poſſible d'employer le *Maïs* dans un temps où la nature plus libérale qu'à l'ordinaire en auroit fourni d'amples récoltes, ſans entrer néanmoins dans les détails des dépenſes qu'exigeroient leurs préparations, parce qu'on connoît déjà les frais que coûte l'apprêt des autres comeſtibles, que le *Maïs* pourroit avantageuſement ſuppléer.

J'ose croire avoir indiqué par conséquent quel feroit le *meilleur procédé pour conferver le plus long-temps poffible, ou en grains, ou en farine, le* Maïs *ou blé de Turquie, plus connu dans la Guienne fous le nom de blé d'Efpagne; & quels font les différens moyens à employer pour en tirer parti dans les années abondantes, indépendamment des ufages connus, & ordinaires dans cette Province.*

Si j'ai été au-delà de ce que demandoit l'Académie dans fon Programme, fi dans le nombre des reffources alimentaires que j'indique, j'ai paru infifter davantage fur la panification du *Maïs*, je prie les Membres diftingués de cette illuftre Compagnie, d'être bien convaincus que je fuis fort éloigné de donner exclufion aux autres formes fous lefquelles ce grain fert de nourriture. Je penfe même qu'on ne fauroit trop chercher à ridiculifer cette manie du jour, qui propofe de tout mettre en pain, fans faire attention que c'eft abfolument contre le vœu de la nature, que l'on s'obftine à vouloir réduire les farineux, indiftinctement à une feule & même préparation.

Je dirai, au contraire, aux hommes des différens Pays où la végétation du *Maïs* peut s'opérer: *Cultivez ce grain; c'eft le graminée le plus fécond, dont la récolte eft la plus fure, & qui s'accommode le mieux à tous les climats.* Je dirai à ceux qui en font déjà ufage fous forme de bouillie: *Continuez le déjeûner que vous avez adopté, puifqu'il vous foutient une partie de la journée, & que vous le réitérez tous les matins avec la même fenfualité.* Enfin, je dirai aux Habitans des cantons qui vivent de galette ou de pain de Maïs: *N'abandonnez pas l'aliment principal avec lequel vos organes font familiarifés, & dans la grande abondance que vous aurez de ce grain, vous pouvez en préparer des gâteaux, des potages, des gruaux, &c.*

Il eft aifé de voir combien il feroit avantageux de rendre la culture du *Maïs* plus générale dans le Royaume. L'exemple des meilleurs cantons agricoles ne fuffit-il pas pour lever tous les doutes que l'ignorance ou les préjugés ont tenté de jetter fur le mérite inconteftable d'une plante auffi précieufe? Qu'il me foit permis de terminer par une réflexion.

Quelle que foit l'époque où nos Provinces furent enrichies de la production intéreſſante qui m'a occupé dans le Mémoire que je ſoumets au jugement de l'Académie, je crois être fondé à avancer, que dans pluſieurs cantons de la France, elle a été ſubſtituée au ſarraſin, ce grain originaire d'Affrique, ſi riche en ſon, & ſi pauvre en farine, avec lequel on prépare une bouillie peu ſubſtantielle, & le plus miſérable de tous les pains. Ce grain n'auroit pas manqué d'être proſcrit entierement du Royaume par *Sully*, ſi du temps de ce Grand homme, le *Maïs* eût été plus connu, ou ſes avantages économiques mieux appréciés.

Formons des vœux pour que nos concitoyens, plus éclairés ſur leurs véritables intérêts, s'occupent davantage de cette culture intéreſſante; & que l'utilité de ce grain, mieux ſentie, le faſſe adopter dans tous les endroits qui lui conviennent. Toutes les terres ne ſont pas propres au froment & au ſeigle; combien y en a-t-il qui rapportent à peine en grain la ſemence qu'on y a jettée, & qui deviendroient une reſſource inépuiſable de richeſſes, ſi on ſe détermi-noit à les couvrir de *Maïs*. Cette plante a ſi bien réuſſi dans les différens climats de l'Europe où on en a eſſayé la culture! Puiſſe-t-elle un jour remplacer le ſarraſin & l'avoine! ce ſera un nouveau ſervice que les Sciences auront rendu au Royaume & à l'humanité.

FIN.

TABLE DES MATIERES.

FIN DE LA TABLE DES MATIERES.

ERRATA.

PAGE 8, note, *ligne* 1, de la préparer, *lisez*, de la proposer.

Page 14, *ligne* 27, 40 pieces, *lisez*, 40 pieds.

Page 17, *ligne* 22, est de faire, *lisez*, & de faire.

Page 19, *ligne* 20, martyn, *lisez*, martyr.

Page 39, *ligne* 5 de la note, qu'ils eussent de communication, *lisez*, qu'ils eussent communication.

Page 44, Art. IV, *lisez*, Art. IX.

Page 53, *ligne* 4 de la note. M. Fernandez, *lisez*, Fernander.

Page 56, *ligne* 24 de la note, constitue leur unique, *lisez*, constituent leur unique.

Page 57, *ligne* 5, dans de planches, *lisez*, dans des planches.

Page 62, *ligne* 10, mattes, *lisez*, maltes.

Page 83, *ligne* 20, consommation, *lisez*, conservation.

Page 97, *ligne* 18 & 19, graines, *lisez*, grains.

Page 100, *ligne* 9, qu'ils se trouvent, *lisez*, qu'il se trouve.

Page 112, *ligne* 18, ceux de ces contrées, *lisez*, les habitans de ces contrées.

Page 144, *ligne* 3 de la note, délivrées, *lisez*, délivrés.

Page 119, *ligne* 20 & 21, boissons spiritueuses, *lisez*, boisson spiritueuse.

Page 122, *ligne* 24, pays vignobles, *lisez*, pays de vignobles.

Page 132, toute la note devroit être en italique.

Page 133, *lignes* 24 & 25, son effet alimentaire, *lisez*, ses effets alimentaires.

Page 135, Article IV, *lisez*, Art. V.

Page 140, Art. V, *lisez*, Art. VI.

Page 147, Art. VI, *lisez*, Art. VII.

Page 151, Art. VII, *lisez*, Art. VIII.

Page 160, *ligne* 20 de la note, & couvert, *lisez*, & ouvert.

Page 164, *ligne* 24, une ressource, *lisez*, une source.

www.ingramcontent.com/pod-product-compliance
Ingram Content Group UK Ltd.
Pitfield, Milton Keynes, MK11 3LW, UK
UKHW021148260726
13994UKWH00001B/343